Suzan H. Wiegel

Die Botschaft der Kahunas

Suzan H. Wiegel

Die Botschaft der Kahunas

Mit dem uralten Wissen
aus Hawaii ein
glückliches Leben
führen

Kösel

Hinweis
Dieses Buch dient der Information und Selbsterfahrung. Es soll
jedoch medizinischen Rat nicht ersetzen! Im Zweifelsfall oder
bei bestehender Erkrankung ist es sinnvoll, den Rat einer qua-
lifizierten Fachperson einzuholen.

2. Auflage 2004
© 2002 by Kösel-Verlag GmbH & Co., München
Printed in Germany. Alle Rechte vorbehalten
Druck und Bindung: Pustet, Regensburg
Umschlag: Kaselow Design, München
Umschlagmotiv: ZEFA / Masterfile
ISBN: 3-466-34459-X

Gedruckt auf umweltfreundlich hergestelltem Werkdruckpapier
(säurefrei und chlorfrei gebleicht)

Für meine Kinder
Martina, Michael und Christian

»Es geht nicht darum,
nach Hause ins Licht zu kommen,
es geht nur darum, das Licht zu *sein*.
Das ist die Erfahrung.«

»It's not about
going home to the light,
it's about *being* the light.
That's the Experience.«

Inhalt

Ab heute will ich's ändern!

Im Grunde seines Herzens weiß jeder, was ihm gut tut, was er ersehnt, was ihn erfüllt und glücklich macht. Doch dieses Wissen ist oft tief in unserer Seele verborgen, verschüttet und gerät in unserer temporeichen Zeit immer stärker in Vergessenheit. Immer mehr Menschen finden sich in einem erschöpften, chronisch müden und behandlungsbedürftigen Zustand wieder, der sich sowohl körperlich als auch emotional und mental auswirkt. Viele fühlen sich vom immer schneller werdenden Leben zunehmend ausgebrannt, sind atemlos und können immer weniger Sinn in ihrer persönlichen Situation finden. Sie leben halt, weil sie nun mal da sind, wursteln sich irgendwie durch. Sie kämpfen und hasten, von ihren Ängsten und Sorgen verfolgt, mit schwindenden Kräften von einem Tag zum nächsten. Sie erfahren Angst um den Arbeitsplatz, um das nötige Geld fürs Überleben, um mögliche Krankheiten, quälen sich mit Verlustängsten in Partnerschaft und Beziehung und leiden insbesondere unter massiven Zukunftsängsten: »Wie soll das denn nur weitergehen?«

Unsere Nerven sind überreizt, das Gehirn maßlos überfordert. Es findet die Lösung nicht mehr, das Denken ist unfruchtbar geworden. Wir sitzen auf unserer Lebensenergie, haben keinen Zugang mehr zur breiten Skala unserer aufbauenden, schöpferischen Gefühle und auch die natürliche, sensible Beziehung zu unserem Körper ging verloren. Die Intuition schweigt. Dabei möchten wir so gern spüren, dass die Inspiration frei fließen kann, und möchten Kontakt zur schlummernden Weisheit finden, die im Unbewussten jedes Menschen wohnt. Wir möchten vertrauen können und das geistige Teleskop zum Einblick in die innere Weisheit einsetzen, damit die Angst keine Chance mehr hat. Doch wir leben im scheinbaren Stillstand. Aber ohne Bewegung und Wachstum kein Leben, nur noch Gewohnheit und unbewusster Trott. Der Stillstand beängstigt uns mehr, als wir zugeben wollen. Erneut baut sich innerer Druck auf, die Gedanken rennen im Kreis und finden keinen Ausweg. Welche Botschaft liegt in diesem Zustand verborgen?

Die innere Einstellung will sich verändern. Die Wurzel der Ängste will bewusst erkannt und geheilt werden. Spontaneität und Kreativität drängen auf Ausdruck und der ungenutzte Reichtum im Unbewussten will endlich ins Bewusstsein aufsteigen. Veränderung auf allen Ebenen will geschehen und kann es auch, wenn wir uns entscheiden, neu zu denken: mit dem Kopf im Herzen!

Glückseligkeit
war einst mein Zustand.
Glückseligkeit
ist meine wahre Natur.
Was habe ich getan,
warum habe ich sie verloren
oder habe ich sie
nur verdeckt,
zugeschüttet
in den Fallen der Dualität.
Habe ich mich verstrickt,
in der Illusion mich verloren,
habe Täuschung zugelassen
und mein wahres Wesen verdrängt
es förmlich gefesselt.
Möchte diese Fesseln wieder lockern,
lösen,
heilen,
meine wahre Natur wieder zulassen,
mein Wesen durchlassen.
Leben, was ich wirklich bin,
Licht,
Liebe,
Glückseligkeit,
grenzenlos

Elvira Wintersperger

Ja, wir ahnen vielleicht, dass da etwas ist, der Schlüssel zum eigen Sosein, zum kreativen, liebevollen Ausdruck. Doch weil alle so handeln, wie wir es zurzeit vorfinden, haben auch wir uns angewöhnt, nur aus unserem Kopf zu leben, haben die Verbindung zur eigenen, inneren Stimme verloren, die uns sicher führen könnte und auch der lieblosen Zerstörung des Planeten in ihrer natürlichen Weisheit viel entgegenzusetzen hätte. Wir schöpfen nicht länger aus unserer Substanz, der Kraft und dem Wissen unserer Seelen, sondern lassen unser Handeln von rein rationalen Überlegungen leiten. Jeder will ein möglichst großes Stück vom Kuchen, wir finden uns im Kampf ums Überleben wieder, fühlen uns dieser Entwicklung hilflos ausgeliefert, wie in einem Sog als Spielball der Mächtigen, selbst völlig ohnmächtig. Wir haben vergessen, dass Leben auch etwas ganz anderes sein kann.

Was verleitet uns, mehr unbewusst als bewusst diesem scheinbaren Zwang zu folgen? Unsere eigene, geschluckte und nicht anerkannte Angst. Wenn wir still werden und in uns hineinfühlen, können wir ihre Stimme vernehmen. Wir hören, dass es der Angst wichtig ist, unsere Person in Sicherheit zu wissen. Die Angst schlägt vor, so viel Besitz wie möglich anzusammeln, in jedem Fall erfolgreich zu sein und dafür alle verfügbare Kraft einzusetzen.

Zwei Hauptgründe führen in diesen Kreislauf. Der rationale Verstand, mit der Wahrheit des Herzens nicht vertraut, kennt auch Vertrauen nicht. Er sucht stets die Sicherheit – und das aus Angst. Solange wir jedoch aus dem Kopf heraus leben, wird die Angst mit uns sein. Solange die geheime Angst uns führt, wächst sie, denn wir lenken unsere Lebenskraft in Form von Aufmerksamkeit in jeden Gedanken, jede Handlung. So wird sie zum ständigen Begleiter.

Doch es gibt einen Ausweg, wenn wir den Mut finden, den von Angst besetzten, inneren Schrebergarten zu verlassen, und wir die im Unbewussten ruhende, innere Weisheit ins Bewusstsein heben. Wir entschließen uns, unser Bewusstsein zu pflegen, und erobern unseren inneren Besitz, der uns befreit. Wir suchen nach der eigenen, in uns wohnenden Substanz, nach den unendlichen Möglichkeiten für Entdeckungen und Neuerungen. Und wir fügen dem bereits Bewussten die Kraft des Unbewussten hinzu, um neue Erkenntnisse, neues Denken zu initiieren. Wir haben so viel gelernt in unserem Leben, lernen jeden Tag Neues hinzu. Unser Verstand ist bestens trainiert und vollbringt für uns intellektuelle Seiltänze. Für alles uns Unbekannte lesen wir die Gebrauchsanweisung. Dann verstehen wir. Haben wir jemals eine Gebrauchsanweisung für freudvolles Leben gesehen, gelesen, gehört? Die Kahunas können uns darauf erschöpfende, hoffnungsvolle Antworten geben, die mehr sind als Worte – denn ihr Wissen führt uns in eine andere, innere Dimension, die nicht nur allein mit Worten erreicht wird. Leben kann so leicht sein. Leben will Freude bereiten. Das Leben bietet uns den Rahmen, uns selbst als grenzenlose Schöpfer in allen Formen wiederzuerkennen.

Wenn wir uns entscheiden, die unterbrochene Herzverbindung zu reaktivieren, können wir ein tieferes Verständnis für die Energie gewinnen, die uns durch unser Leben führt, unsere Gedanken formt und die bewirkt, dass aus unseren Gedanken Gefühle werden. Wir werden verstehen, wie aus diesen Gefühlen wiederum unser Verhalten erwächst und warum unser Verhalten uns entweder glücklich oder unglücklich sein lässt. Wollen wir noch mehr lernen?

Die Hawaiianer haben sich das uralte Wissen bewahrt, das Wissen, wie leben geht: praktisch, einfach, ehrlich und natürlich. Sie nennen sich selbst »das glücklichste Volk auf *Seiner* Erde« und sie sind es auch. Nicht, weil sie auf Hawaii leben, das optisch bereits wie ein Paradies erscheint, sondern weil sie die Kunst zu leben noch kennen, die sie *Kahuna* nennen, was so viel bedeutet wie Meister des »geheimen Wissens«, wir könnten auch sagen: Es ist die Meisterschaft über das irdische Leben.

Ihre Heiler und Weisen kennen den Weg, der uns zurückführen könnte in ein natürliches, dauerhaftes Wohlbefinden, und sie sagen: »Ich kümmere mich nicht um deine Probleme und Krankheiten. Ich kümmere mich um *dich*. Denn da, wo du bist, gibt es weder Probleme noch Krankheiten. Wenn du erst einmal erkennst, wer du bist, verschwinden alle Sorgen, Zweifel und Nöte.«

Von der Weisheit, die in diesem Satz verborgen liegt, will ich Ihnen nun erzählen. Von Lebensqualität, stiller Heiterkeit und natürlichem Selbstvertrauen. Von Ruhe und Frieden im Herzen und davon, wie es ist, das Leben selbst zum Erfolg zu machen.

Suzan H. Wiegel
im Sommer 2002

Als ihr eins wart,
seid ihr zwei geworden.
Jetzt aber,
da ihr zwei seid,
was werdet ihr tun?

11. Logion/Thomas-Evangelium

... denn da ist mehr, viel mehr! 2

Viele Jahre lang liebte ich die Arbeit in meiner naturheil-
kundlichen und psychotherapeutischen Praxis in München,
und obwohl ich gute Erfolge sah, war die innere Stimme
laut vernehmbar, die mir pausenlos zurief: »Da ist mehr, da
ist viel mehr.« Also wurde aus mir erst einmal ein »Seminar-
freak« – es gab zu dieser Zeit wohl kaum ein Fortbildungs-
seminar, das ich nicht besuchte – immer auf der Suche nach
dem »da ist mehr«. Aber ich fand es nicht. Alles, was ich
lernte, war zwar äußerst interessant und auch hilfreich, andererseits aber lief ich Gefahr, mich mit all den zusätzlichen
Therapieansätzen zu verzetteln. Das war also offensichtlich
nicht der Weg. Aber welchen sollte ich stattdessen gehen?
Ich war ratlos und tief im Inneren niedergeschlagen. Wenn
diese Stimme mir sagen konnte, dass mehr möglich ist, warum verreit sie mir dann nicht, wo oder wie ich es finden
könnte? Auf diese Frage bekam ich keine Antwort. Stille.
Monatelang.

Und auf einmal – plötzlich und ohne Vorankündigung –
kam die innere Anweisung: »Geh nach Hawaii und suche
die Kahunas!« Ich hatte während meiner Suche schon von
den Kahunas (den Schamanen aus Hawaii) gehört und
wusste, dass sie Ärzte und Priester in einer Person sind, und
dass sie nachgewiesene, für den rationalen Verstand un-

glaubliche »Wunderheilungen« vollbringen konnten, aber ich wusste auch, dass sie nicht einfach zu finden waren. Sie führen keine Praxis, so, wie wir sie kennen, und haben kein Schild an der Tür, das besagt, wann Sprechzeiten sind. Nichts von alledem. Sie leben äußerst bescheiden und zurückgezogen, üben von Zeit zu Zeit Berufe aus wie Taxifahrer oder Fischer und sind für Außenstehende in ihrer schamanistischen Eigenschaft durch nichts erkennbar. Sie verzichten absichtlich auf eine bestimmte soziale Stellung und jede andere Form äußeren Reichtums. Mir war auch bekannt, dass die Vorsilbe »Ka« Meister bedeutet und »Huna« mit Geheimnis übersetzt wird. Und mir wurde klar, dass wahre Meister sich von mir nicht einfach finden lassen, sondern selbst entscheiden, ob sie sich zeigen und gefunden werden wollen.

Mein rationaler Verstand hatte folglich schwerwiegende Bedenken, ob es sich überhaupt lohnen würde, die weite Reise nach Hawaii zu wagen, ohne sicher zu sein, die ersehnten Kahunas auch anzutreffen.

Gleichzeitig vibrierte ich in purer Vorfreude. Die Aufforderung, die Kahunas zu suchen, hatte tief in mir so viel Abenteuerlust und Sehnsucht auf Neues, Unbekanntes geweckt, dass Zweifel und Befürchtungen keinen Nährboden fanden.

Endlich angekommen, wusste ich mir nicht anders zu helfen, als jeden Hawaiianer, den ich traf, nach den Kahunas zu fragen. Achselzucken, ein Lächeln, Kopfschütteln waren die Antwort. Ein Tag nach dem anderen verging – kein Kahuna weit und breit in Sicht. Mein Verstand meinte: »Siehst du, ich hab's ja gleich gesagt«, und mein Herz antwortete: »Macht nichts, dann haben wir eben einen wundervollen Urlaub.« Ein Teil in mir war absolut sicher, den ersehnten Kahuna zu treffen, aber ich wusste nun auch, dass ich es nicht erzwingen konnte.

Dann stand ich ihm plötzlich gegenüber: Ein kleiner, alter Mann mit strahlenden, dunkelbraunen Augen saß in der dunklen Ecke eines Souvenirladens und schaute mir entgegen, als ich eintrat. Obwohl uns noch mindestens zehn Meter voneinander trennten, blieb ich wie angewurzelt stehen und fiel buchstäblich hinein in diese Augen, die mir entgegenstrahlten. Sie waren zwar dunkel, aber gleichzeitig so hell, wie ich es nie zuvor gesehen hatte. Sein Strahlen traf mein Herz. Ich stand und hörte auf, zu atmen. Diese Augen sprachen zu mir. Mein Herz wurde warm und öffnete sich – immer weiter und weiter. Ich war daheim. Ich war endlich angekommen. Auf diesen Moment hatte ich mein Leben lang gewartet. Ich fühlte das allererste Mal in meinem Leben, dass diese Augen mich wirklich *sahen*, mich wahrnahmen. *Mich selbst.* Nicht die

Wer tief in seinem Innern gesehen wird, weiß, dass er zu Hause ist.

brave Tochter, nicht die Schülerin, nicht die Ehefrau und Mutter, nicht die Geliebte, nicht die Therapeutin, auch nicht die Freundin oder Verwandte, sondern einfach nur das Wesen, das ich tief im Inneren bin und das bislang niemand sehen konnte oder wollte. Schlicht und einfach *Ich*.

Nicht nur, dass ein anderer Mensch mich sah, sondern er *wollte* mich auch noch sehen. Tränen rollten aus meinen Augen, zaghaft zunächst, später dann in Strömen und ich stand immer noch am selben Fleck. Physisch unbewegt, gleichzeitig seelisch erfüllt und jauchzend wie niemals zuvor. Ich vergaß meinen Körper, vergaß die Umgebung, versank in einem Gefühl, das ich nicht benennen konnte. Die liebevolle Aufmerksamkeit, der tiefe Respekt und die zärtliche Behutsamkeit seiner lautlosen Begrüßung, die mir aus seinen Augen entgegenleuchteten, ließen mich endlich wissen, wie es sich anfühlt, zu Hause zu sein.

Ich war bereit, den Rest meines Lebens einfach so stehen zu bleiben, als er aufstand und mir lächelnd entgegenkam.

Seine Stimme klang weich und fest: »Aloha, meine Liebe.«
Ein warmer, fester Händedruck und unsere Augen waren
immer noch miteinander verbunden. Ich hielt seine Hand in
der meinen, wollte weder Hand noch Augen loslassen. Es
war einfach zu schön.

Dann löste er sich, fasste mich leicht an der Schulter und
bot mir einen Sitzplatz an. Wir schwiegen. Ich sah ihn an,
er lächelte. Es gab nichts zu sagen. Im Herzen war alles so
klar. Keine Wünsche mehr und keine Fragen. Nur noch Antworten. Daheim halt. Er schien mir so bekannt, so vertraut,
so nah. Ich hatte ihn nie zuvor gesehen und dennoch gab es
keine Trennung zwischen ihm und mir. Auf eine geheimnisvolle Weise schienen wir vereint zu sein, eins in dem
gemeinsamen Gefühl des stillen Glücklichseins. Wortlos sa-
ßen wir uns gegenüber, lange Zeit. Genau so hatte ich mir
himmlischen Frieden vorgestellt. Nun war er da – hier auf
Erden.

Das war das Stichwort für meinen Kopf. »Genau. Wie
kommt himmlischer Frieden auf die Erde? Wie geht das?
Was ist da los? Was ist hier passiert? Ist er am Ende ein Ma-
gier? Pass auf, Suzan, sei vorsichtig. Wer weiß, was der
noch alles mit dir macht!«

Mein Herz jubelte immer noch, aber die Fragen im Verstand hatten mich neugierig werden lassen. Ich fand meine
Stimme wieder und fragte vorsichtig: »Sag mal, was war das
eben? So habe ich mich noch nie gefühlt. Was ist geschehen, was hast du mit mir gemacht?«

»Gar nichts. Ich habe nur ALOHA gedacht.«

»Aloha? Heißt das nicht ›Guten Tag‹ oder ›Hallo‹?«

»Das übersetzen die Touristen so. In unserer Sprache bedeutet es: ›Teile die Schwingung der Liebe mit mir.‹«

»Ich verstehe nicht recht, was du meinst.«

»Das sehe ich, aber du hast gefühlt, was ich meine, nicht
wahr?«

»Ja – hm – du meinst, das ist Liebe, was ich fühle? Wie kann ich dich lieben, wenn ich dich gar nicht kenne?«

»Mein Kind, das ist ein weit verbreiteter Irrtum. Du musst niemanden kennen, um ihn lieben zu können. Liebe ist kein Gefühl. Liebe ist ein Zustand.«

»Ein Zustand? Wie meinst du das?«

»Nun, schau dich selbst und deine Gefühle an: Gefallen sie dir? Tun sie dir gut? Du badest dich darin. Richtig?«

»Ja.«

»Dann sieh dir auch den Zustand an, in den dich diese Gefühle getragen haben. Bist du jetzt kritisch? Hast du Urteile über dich oder andere Menschen? Hast du Angst? Sorgen? Ungute Gedanken über die Zukunft?«

»Nein, ich fühle mich ruhig und friedvoll, um nicht zu sagen selig.«

»Siehst du, das meine ich. Du sagst mir, dass du dich friedvoll und ruhig fühlst. Schau tiefer. Deine Gefühle tragen dich in den Zustand geistiger Klarheit und Erfüllung. Diesen Zustand nennen wir LIEBE. In diesem Seinszustand fällt jede Trennung fort und damit auch alles, was du als negativ bezeichnen würdest.«

»Ja, das stimmt. Du warst mir unerklärlich, herrlich nah. Plötzlich war alles so klar und einfach. Ich hatte gar nicht das sonst so gut bekannte Bedürfnis, dir etwas vorzuspielen oder dir etwas zu verheimlichen, dir meine Schokoladenseite zu zeigen. Das ist das Wunderbarste: Ich fühle mich befreit wie nie. Keine Verzierungen, keine Schnörkel, kein Getue, endlich keine Spaghetti mehr drumherum. Nichts als du und ich.«

Die Freude über diese glückliche Erfahrung lässt mich aufspringen und ihn spontan und voller Dankbarkeit umarmen. Ich bin einfach zu glücklich, will mich nicht bremsen. Er erwidert die Umarmung zwar nicht, lächelt mich aber liebevoll an und gibt mir auf diese Weise zu verstehen, dass ich ihn umarmen darf. Kurz und heftig. Dann spricht er weiter.

»Das, was ihr so gern als Liebe bezeichnet, ist nicht wirklich Liebe. Von Liebe kannst du nur sprechen, wenn du nichts mehr verändern willst, wenn du alles so belassen kannst, wie es gerade ist. Weil du in deinem Herzen weißt, dass alles gut ist, wie es ist. Dann bist du im Zustand der wahren Liebe. Das bedeutet auch, Menschen, die du zu lieben glaubst, nicht besitzen zu wollen, sie nicht festzuhalten, ihnen keine Vorwürfe zu machen und keine Erwartungen an sie zu richten; sie nicht zu reglementieren oder klein zu halten, sondern sie zu achten und zu respektieren, so, wie sie jetzt gerade sind. Genau das habe ich mit dir getan. Ich verweile im Zustand der Liebe, weil ich es so entschieden habe. Ich liebe mich und *Alles*, was ist. Also auch dich. Du hast nun erfahren, was der Zustand, in dem ich bewusst und immer bin, in dir auslöst.«

»Du sagst, du bist bewusst und immer in diesem Zustand. Du meinst also, du bist immer in der Liebe? In der Liebe, die nichts mehr verändern will? Ist das der Grund für das Strahlen deiner Augen?«

»Mein Kind, was du in meinem Augen siehst und in deinem Herzen fühlst, ist das Strahlen der göttlichen Natur, die in jedem Menschen lebendig ist. Ich liebe und verehre mein göttliches Selbst. Ich behüte und beschütze es. Wir nennen ES zwar nicht ›Gott‹, sondern sagen ›der Unaussprechliche‹, weil wir fühlen, dass dieses große Ganze so unbenennbar herrlich ist, dass wir keinen Namen dafür finden können. Der Unaussprechliche wohnt auch in dir. Ich kann es dir sogar beweisen.«

»Wie willst du das machen? Zeig's mir!«

»Dich hat das Strahlen meiner Augen berührt, und dieses Strahlen, das aus meiner Seele kommt, war deshalb für dich so bekannt und ersehnt, weil du es selbst in dir trägst. Du kannst aber nicht etwas wiedererkennen, was du nicht schon kennst. Also kennst du Es. Warum? Weil du es hast. Seit Anbeginn der Zeiten lebt Es in dir, ist mit dir, spricht zu dir. Aber du weißt es noch nicht wirklich. Du ahnst es und du sehnst dich danach. Warum? Weil du dich dunkel erinnern kannst, dass du Es hast, aber nicht finden kannst. Wo ist Es nur?

Jede deiner Zellen erinnert sich. Aber du hast nicht gelernt, die Sprache deines Körpers zu verstehen. Du hast nicht gelernt, die Sprache deines Herzens zu verstehen. Du kennst die Sprache der Natur und deiner Seele nicht. Du kommunizierst nur mit der Sprache deines rationalen Verstandes. Aber was weiß er schon? Er weiß zwar alles über deine Vergangenheit und speichert alles, was du je gelernt hast. Ein perfekter Vorratskeller. Aber er weiß nichts, gar nichts vom Licht hinter den Worten. Er kennt dein Wesen nicht, kennt die Absicht deiner Seele nicht, noch kann er die Natur des Unaussprechlichen jemals erfassen. Er **Der Verstand ist klug und weiß doch nichts.** kann dir daher nichts über dich sagen, kann dir deine tiefen Fragen niemals beantworten, kann dein Leben nicht in neue Bahnen lenken, weil er nicht weiß, wie. Er kann dir nur sagen, was er bereits kennt. Er ist verwickelt in die Affären der physischen Welt. Wir nennen ihn deshalb den niederen Verstand, er spricht eine normale Sprache.

Dein Höherer Verstand nimmt die Absicht der Seele wahr, verbindet dich mit deiner Herzebene und lässt dich innerlich wissen, wohin deine Seele dich führen möchte. Seine natürliche Sprache ist die Erfahrung, das Gefühl, nicht das Wort. Sie kommt aus dem *Einen* und erreicht das *Eine*: die Sprache des Herzens, durch sie allein will sich deine Seele ausdrücken und mit dir Verbindung halten.

Du kannst dein Leben nicht grundlegend verändern, solange du nur gedanklich die Verbesserung anstrebst. Dein

Leben verändert sich erst durch die bewusste, menschliche Anwendung der göttlichen Energie in dir.«

»Wie kann das geschehen?«

»Deine Sehnsucht lebt. Die vage Erinnerung auch. Dem rationalen Verstand folgend, wie du es gelernt hast, suchst du Es in der äußeren Welt. Bei Freunden, Eltern, Geliebten, Ehemann oder Ehefrau, bei Kindern und Verwandten. Aber du findest dich immer wieder ent-täuscht. Denn du hast dich getäuscht. Du kannst die Liebe, die du suchst, dort niemals finden. Weil die, bei denen du sie suchst, die Liebe selbst suchen, sie aber auch noch nicht gefunden haben. Wie sollen dich Menschen lieben können, die selbst ebenso wenig wissen wie du, was Liebe wirklich ist? Du erschlägst die anderen mit deinen Erwartungen, weil sie dir nicht geben können, was du ersehnst. Sie würden dir gerne geben – aber sie haben nichts, was sie geben könnten. Du bemerkst dies mit Schmerzen – ziehst jedoch eine Schlussfolgerung, die deine eigenen Schmerzen erhöht. Du meinst nämlich, sie würden dich zurückweisen, dich einfach nicht lieben wollen. Vermutlich, weil du nicht gut genug bist, falsch gepolt, unzureichend oder was immer du dir noch an trennenden Gedanken ausdenken magst. Aber das ist nicht die Wahrheit. Wie willst du geben können, was du nicht hast?«

»So habe ich's noch nie betrachtet.«

»Du wirst dich erst dann, wenn du lange genug im Außen gesucht hast, nach innen wenden, um diesen schöpferischen, göttlichen Teil aus dir selbst hervorzubringen, ihm zu lauschen, ihm zu vertrauen. Diese spirituelle Energie will durch deine Entscheidung und mit Hilfe deines Verstandes befähigt werden, unterstützt von deiner Sehnsucht nach Wahrheit, die Wiederbelebung deiner Herzenssprache zu erreichen. Dann weißt du. Aber nicht mehr mit deinem Verstand, sondern in deinem Herzen. Dann weißt du, was ich auch weiß. Weil ich aber bereits weiß, was du wissen willst, hast du dich erinnert und dein Wissen ist in dir wach geworden, hat dir zunächst all deine wundervollen Gefühle geschenkt, um dich weiterzutragen in diesen Zustand der Liebe, in dem du jetzt noch bist. Du erkennst die Wahrheit: Der reine, innere Wille besiegt den Verstand ohne jeden Kampf! Dein Herz ist offen. Du hörst mich. Höre weiter mit dem Herzen zu. Die Wahrheit ist: Ich habe nichts mit dir *getan*, alles, was geschehen ist, hast du selbst entschieden und mit deiner Seele gesucht.

Der Unaussprechliche ist Liebe, es gibt im gesamten, unendlichen Universum nichts anderes als diese Liebe. Auch du bist also Liebe. Nur weißt du es noch nicht. Aber du willst es wissen. Nur darum sind wir uns begegnet. Alles, was ich für dich tun kann, ist, dich die Fülle, den Überfluss meiner, *Seiner* Liebe fühlen zu lassen. Da es nur Liebe gibt, erinnert sich *Seine* Liebe in dir. Sie wird in dir hellwach und du fühlst es. Ihr würdet sagen, es ist ein Resonanz-Phänomen.

Alles, was ich für dich tun kann, ist, dich wieder wissen zu lassen, dass du selbst weißt. Dann bist du frei. Unabhängig. Grenzenlos. Das ist deine Natur. Die Natur deiner Seele.«

»Aber wenn ich Liebe in mir trage, warum suche ich sie denn ein halbes Leben oder länger vergeblich im Außen? Warum nicht gleich da, wo sie auch lebt?«

»Weil du sie erst wieder erkennen kannst, wenn du gefühlt und erfahren hast, was Nicht-Liebe ist. Wenn die Wunde, dich nicht geliebt zu fühlen, so schmerzhaft geworden ist, dass du beginnst, dich durch alle Angst hindurch für neue, unbekannte Wege zu öffnen, die dein Verstand nicht mehr kontrollieren kann.

Dann wirst du auch bereit sein zuzugeben, dass du dich jahrelang, vielleicht sogar jahrzehntelang geirrt hast, indem du meintest, nur unter der Führung dieses Verstandes sei ein erfülltes Leben möglich.«

»Das ist schwierig für mich. Ich versteh's und versteh's doch wieder nicht.«

»Schau, mein Kind, ihr lebt ein zivilisiertes Leben. Bei euch zählt die Person. Diese Person lernt, dass das Leben hart ist und sie sich durchsetzen muss, wenn sie Erfolg haben will. Und sie will Erfolg haben, weil dieser das Fehlen der ersehnten Liebe kaschiert, die schmerzende Bitterkeit des Alleinseins versüßt. Du lernst, dass der Verstand alles ist, was du im Leben brauchst, und je besser er geschult und trainiert ist, desto größer wird der Erfolg, desto grandioser wird das Leben sein. Ihr lernt, gegeneinander zu kämpfen, auch wenn es nach außen oft gar nicht so wirkt. Und wenn ihr Sieger seid, dann nennt ihr das gerne Erfolg.

Wir, die Kahunas, aber sagen, dass Erfolg im Leben zu haben eine Sache ist. Man kann ihn erfahren wollen oder nicht. Aber das Leben selbst zum Erfolg zu machen ist eine ganz andere Sache. Du kannst ja vieles in deinem Leben erreichen, doch wenn du dich selbst nicht erreichst, ist nichts erreicht.

Ihr gebraucht so oft das Wort »normal«. Bei euch ist es wichtig, normal zu sein. Sich normal zu verhalten, normal zu denken, normal zu handeln, normal zu reagieren, sich normal zu kleiden, immer und überall einfach normal zu sein. Wir wissen nicht genau, was ihr damit eigentlich meint, aber es will uns so scheinen, als bedeute normal zu sein nichts anderes, als so zu sein, wie alle sind. Warum wollt ihr das sein? Wir gebrauchen dieses Wort niemals.

»Ihr wollt unbedingt normal sein. Warum?«

Es existiert nicht in unserer Sprache. Wir sagen »natürlich«. Natürlich bedeutet für uns »der individuelle Ausdruck eines jeden Wesens«. Wir meinen damit den spontanen, natürlichen Ausdruck einer jeden Seele. Wir wissen und sehen, dass jeder Mensch in sich einmalig ist, von einmaliger Schönheit, besonderer Einzigartigkeit. Denn jede Seele trägt eine besondere Fähigkeit in sich. Das bedeutet für uns selbstverständlich, dass ein jeder völlig er oder sie selbst sein darf, ja, sogar sein soll. Denn jeder kann doch nur er/sie selbst sein und versuchen, dieses Ich-selbst-Sein zu vervollkommnen, indem es immer und immer wieder hervorgebracht wird.

Wir wissen, dass wir einen Aspekt des Unaussprechlichen in jedem Menschen sehen, und wir sind voller Dankbarkeit für jeden weiteren Aspekt, den der Unaussprechliche uns von sich zeigt. Auf diese Weise können wir *Ihn* erfahren, können fühlen und ahnen, wie *Sie** ist. Um in eurer Sprache zu sprechen: Jede Begegnung mit einer anderen Seele ist eine Gotteserfahrung. Warum gebt ihr euch Mühe, *Ihn* mit dem Verstand zu beweisen? Schaut euch einfach um. Dann könnt ihr *Sie* sehen, fühlen. Dann wisst ihr. Zweifelndes Nachdenken wird überflüssig.

Du hast mich anfangs gefragt, was ich mit dir angestellt hätte, als wir uns begegneten und du im Strahlen unserer beiden Seelen die Liebe wiederfandest. In dein offenes Herz und aus meiner Seele habe ich gerufen: ›Oh, wie wunderbar. Ein anderer Aspekt des Unaussprechlichen. Ich bin so glücklich. Schenk es mir bitte, schenk es mir.‹«

»Das habe ich nicht bemerkt.«

»Doch, hast du. Nicht mit deinem Verstand, aber mit deinem Herzen.«

»Was, um Himmels willen, sollte ich dir schenken? Was habe ich dir geschenkt? Was meinst du?«

»Du hast mir deine Einmaligkeit geschenkt. Du hast dich mir gezeigt. Du hast mich in deine Seele blicken lassen und

---

* Für die Kahunas ist der Unaussprechliche männlich *und* weiblich zugleich. Deshalb wird in diesem Buch auch im Folgenden stets von *Er* und *Sie* gesprochen. (Anm. d. Verf.)

ich durfte deine Einzigartigkeit, deine Herrlichkeit sehen. Ebenso, wie du die meine sehen konntest, weil ich mich dir gleichzeitig geschenkt habe. Dabei sind wir beide reicher geworden – du und ich. Wenn du mir deine Einmaligkeit schenkst, gewinne ich einen neuen Aspekt des Göttlichen hinzu, den ich selbst nicht in mir trage. Denn deine Seele ist eine Gedankenform des Unaussprechlichen. Verstehst du das?«

»Du meinst, *Er* hat mich so gedacht, wie ich wirklich bin? Tief innen und gut versteckt?«

»Ja, so ist es. Etwa sieben Milliarden Gedankenformen weilen zu dieser Zeit auf der Erde. Sie kommen alle aus dem Unaussprechlichen. Tragen sein Wesen, seine Liebe, seine Schöpferkraft. Ihr nennt das holistisch. Wir nennen es natürlich. Und jede Gedankenform – jede Seele – unterscheidet sich in einem speziellen, einzigartigen Aspekt von der anderen. Alle zusammen ergeben wieder ein Ganzes.

Nun stell dir doch einmal vor, ihr würdet euch auf diese, unsere Weise begegnen. Jedem Menschen, der euch entgegentritt, schaut ihr, wenn auch nur kurz, in die Augen und denkt dabei in euren Herzen: ›Oh, ein anderer Aspekt des Unaussprechlichen. Wie interessant. Was will mir diese Seele zeigen?‹ Kannst du dir vorstellen, dass allein ein solcher Gedanke zur Begrüßung völlig andere Ergebnisse zeigen wird? Ein Herz grüßt das andere Herz. Der Verstand ist jetzt völlig überflüssig. Auf diese Weise, so herrlich einfach, lässt sich das Paradies erfahren, glaubst du mir das?«

»Ja, ich ahne etwas.«

»Ihr trefft zurzeit noch eine andere Wahl. Denkt ihr nicht immer wieder Gedanken der Trennung? Eine Person trifft eine andere Person. Was sagt euer Verstand? Negatives über das Aussehen, das Auftreten, den Körperbau, den Gesichtsausdruck, die Kleidung, die Sprache, die Bildung oder den sozialen Hintergrund? Taxiert ihr nicht dauernd, anstatt zu akzeptieren? Vergleicht ihr nicht laufend, wo es gar nichts zu vergleichen gibt? Wie kann sich Einmaliges mit Einmaligem vergleichen? Kannst du sehen, dass damit immer wieder Trennung geschaffen wird? Schmerz? Nicht-Liebe? Dass eine Kluft entsteht, die gar nicht existiert?«

»Oh ja, das kann ich – und fühlen, wie sehr diese unnötige Trennung schmerzt!«

»Richtig. Dieser Schmerz ruft spontan Reaktionen hervor, die eine Antwort auf den erlebten Schmerz sind. Damit wird der Schmerz größer, immer größer. Ein Teufelskreis, wie ihr sagt. Gefällt dir unsere Begrüßung besser?«

»Ja, natürlich. Wieso bin ich nie auf diese Idee gekommen?«

»Vielleicht, weil ihr es anders gelernt habt.

Doch da wir alle einzigartige Gedankenformen des Unaussprechlichen sind: Ist es nicht wunderbar, so viele Seelen wie möglich zu sehen und zu erfahren? Um innerlich reicher zu werden und gleichzeitig das Wesen des Unaussprechlichen zu erahnen? Ist es nicht das, wonach ihr euch sehnt? Schafft es nicht die Einheit, die ihr mit dem Verstand niemals zustande bringen könnt? Heilt es nicht die Angst, unverstanden zu sein? Allein gelassen, ausgestoßen? Bringt es nicht den Zustand auf die Erde, den ihr alle verloren glaubt? Warum glaubt ihr noch immer, dass es unmöglich ist, während wir es doch schon seit Tausenden von Jahren leben? Erinnere dich: ›Diejenigen, die das Unmögliche wollen, verändern die Welt.‹«

Von Seele zu Seele grüßen lässt Unmögliches möglich werden.

»Ja. Ich verstehe und es schmerzt mich. Ich sehe, dass ohne das scheinbar Unmögliche zu wollen alles beim Alten bleiben wird. Aber das will ich nicht. Nicht für mich. Nicht für meine Kinder. Nicht für meine Enkel. Und auch nicht für all die, die nach mir kommen. Ich habe in meinem Herzen verstanden, dass wir uns das Leben wesentlich leichter machen könnten. Aber wir haben nicht gelernt, wie das geht. Wir kennen den Weg nicht. Wir kennen den Trick nicht. Ich fühle jetzt ganz deutlich, dass es einfach ist. Welch ein Paradox! Es ist einfach und ich kann's nicht. Stattdessen kann ich das, was kompliziert ist. Schon seit einiger Zeit flüstert mir mein Verstand zu: ›Du bist etwas Besonderes, weil du das alles erfahren darfst‹, aber ich fühle mich sehr unwohl bei diesem Gedanken. Was ist los?«

»Niemand ist etwas Besonderes. Alle, die denken, etwas Besonderes zu sein, trennen sich von den anderen – aber leider auch von ihrer Seele, ihrem Selbst. Sie wissen noch nicht, wer sie in Wirklichkeit sind, und glauben, die gedachte Realität ihrer Person sei die einzig mögliche, Sinn gebende, tragende Absicht des Lebens, und das geistige Potenzial des rationalen Verstandes trüge sie mit Sicherheit in die ersehnte Erfüllung, wenn sie sich nur genug anstrengen. Ja, sie sind immer Schöpfer – heute erschaffen sie diesen, eher leidvollen Teil ihres Lebens, aber morgen beginnen sie vielleicht bereits mit dem anderen, herzerfrischenden, göttlichen Teil. Wir bemühen uns nicht, etwas Besonderes zu sein, denn wir wissen, dass wir es bereits seit Anbeginn der Zeit sind: Söhne und Töchter des Unaussprechlichen. Kann es etwas Erhabeneres geben, als ein Lichtmensch* zu sein?«

»Wir alle könnten sofort die Erfahrung der Liebe wählen. Willst du das sagen?«

Warme, leuchtende Blicke treffen mich. Er nickt und lächelt sein einzigartiges Lächeln. Es ist zustimmend, bejahend, liebevoll.

---

* Die Kahunas sprechen hier von »Aumakua«, das üblicherweise mit *Seele* oder *Höherem Selbst* übersetzt wird. Ich meine jedoch, dass der Begriff *Lichtmensch* dem Geist der Kahunas näher kommt. (Anm.d.Verf.)

»Aber natürlich. So, wie du es eben getan hast.«

»Was habe ich getan? Ich habe die Erfahrung der Liebe gewählt?«

»Jetzt ist dein Verstand verwirrt – denn er weiß nicht, was dein Herz weiß. Als wir uns heute begegneten und unsere Blicke sich trafen, was geschah da?«

»Nun, mein Herz flog förmlich auf, wie die Tür in einem Western-Saloon. Ich fiel in die wunderbarsten, unbeschreiblichsten Gefühle, die ich je hatte, und ich kann sie nicht einmal benennen. Du nennst es Liebe – einen Zustand geistiger Klarheit.«

»Nun, was geschieht in diesem Zustand wirklich?«

Mein Herz klopft plötzlich wie wild. In den Schläfen hämmert das Blut. Schweißausbruch. Sekundenlanger Atemstillstand. Eine tiefe Erkenntnis blitzt auf. Durchzuckt mich wie ein Blitzschlag. Mein Herz erinnert sich. Mein Verstand streikt. Der Gedanke, gleich verrückt zu werden, schießt vorbei. Ich schau ihn an. Er mich. Er liest in meinen Augen und lächelt wieder, weil ich noch immer unfähig bin, einen Ton von mir zu geben.

»Ja, mein Kind, du weißt es ja. Wie schön. Du darfst *Es* dir ruhig glauben. Wir haben gemeinsam den Unaussprechlichen erfahren: Sehen und gesehen werden ist eins. In diesem Eins-Sein kann *Er* auf die Erde kommen, dich berühren, dich erinnern. So kann *Sie* heilen, wo Angst und Schmerz herrschen. So können wir alle, jeder Einzelne, den Himmel auf die Erde bringen. Was würde geschehen, wenn jeder für sich und alle gemeinsam dieses Ziel anstrebten?

Aber: Glaub mir kein Wort – verwirf auch nichts. Probier es aus – dann wirst du wissen.«

Mein Inneres floss über. Tränenbäche rannen und strömten. Für Stunden, unaufhörlich. Es waren Tränen des Glücks, der Erleichterung, der unendlichen Freude darüber, endlich gefunden zu haben, was ich schon als Kind suchte. Er sah lächelnd zu und brachte mir ab und zu frische Papiertaschentücher.

»Ja, mein Kind, freu dich. Das Leben will Freude sein. Da ist nur die Freude. Freude, das aufbauende, schöpferische Gefühl. Freu dich und feiere dich. Feiere dein Leben. Bring die Freude in jeden einzelnen Moment deines Lebens – trag sie in jede Zelle deines Körpers – sie ist das allerbeste Heilmittel –, denn sie kommt aus der Liebe. Sie ist dein Wesen, das *bist* du und wirst es immer sein. Darum sind wir niemals weniger als Freude. Es ist unsere Natur. Wir haben aber auch den festen Willen, sie jeden Tag aufs Neue in uns zu erschaffen, denn was immer ohne den festen Willen der Seele getan wird, dient weder der Welt noch dem Himmel. Wir kreieren unsere Gedanken und Gefühle. So einfach ist es.«

Was ohne den festen Willen der Seele getan wird, ist weder gut für die Welt noch für den Himmel.

In den nächsten Tagen und Wochen berührten mich noch viele Wahrheiten der Kahunas. Etwas später durfte ich einen zweiten Kahuna kennen lernen. Beide führten mich tiefer hinein in ein Wissen, das mir endlich die Schuppen von den Augen nahm. Ich sah zum ersten Mal, dass mein bisheriger Blickwinkel auf mein Leben, auf seine Möglichkeiten und dessen Sinn, sehr eng und begrenzt war. Kein Wunder, dass ich mich nie besonders wohl gefühlt hatte. Ich war ja mit Scheuklappen durch die Welt gerannt! Kein Wunder, dass ich dem Glück immer hinterhergelaufen war, ohne es je einholen zu können ...

Ich fühlte die Gnade, die mir widerfahren war. Welch ein Geschenk, neu sehen zu können, neu denken zu lernen, um im alten Leben ein neues zu beginnen.

Als ich nach fast fünf Jahren das erste Buch über meine Erlebnisse und Erfahrungen in Hawaii schrieb (*Das Handbuch der Kahuna-Medizin*), beschränkte ich mich hauptsächlich auf die therapeutischen Aspekte und auf all das, was ich bis zu diesem Zeitpunkt selbst verinnerlichen konnte. Dann durfte ich zu einem zweiten Treffen nach Hawaii kommen und die Schulungen wurden fortgesetzt. Jene Erlebnisse berührten mich nochmals tiefer – ich hatte den Eindruck, eine neue Ebene erreicht zu haben.

Seit dem ersten Treffen sind nun fast elf Jahre vergangen. Ich bin aus dem Zustand der Glückseligkeit oft hinaus-, aber auch wieder hineingefallen. Mit jedem Mal wurde mir klarer, dass ich mir selbst etwas versprechen wollte. Ich wusste nun, welch ungeheure Kraft im Glücklichsein, im inneren Frieden und in der Freude verborgen liegt. So traf ich die allerwichtigste Entscheidung in meinem Leben: Ich will in diesem Zustand verweilen können, ich will all meine inneren Schätze bergen, ich will nichts mehr als *mich* selbst sein, koste es mich, was es wolle. Nichts ist mir wichtiger.

Als ich nach München zurückkam, ließ ich den neuen Erkenntnissen freien Lauf und so durften meine Erfahrungen mit einfließen in den Praxisalltag. Die Stimme meldete sich nicht mehr, um mir zu sagen: »Da ist mehr.« Ich wusste, ich hatte gefunden. Endlich. Ich war am Ziel – aber noch nicht im Ziel.

Denn in den folgenden Jahren wollten all die Wahrheiten und tiefen Einsichten in mein tägliches Leben integriert werden, das hieß, in jeden meiner Gedanken, in all meine Worte und Taten. Es war und ist eine Sisyphusarbeit – aber auch die einzige Arbeit, die sich wirklich lohnt, denn sie dient mir, dem Lichtmenschen. Ich hatte Glückseligkeit erfahren. Ich wusste nun mit Bestimmtheit, dass sie kein Phantom ist. Auch wenn ich immer wieder einmal für kurze Zeit von ihr getrennt schien, blieb und bleibt mir die Freude darüber erhalten, dass sie lebt und erreichbar ist.

Die Arbeit an mir selbst dauert an und nichts ist mir wichtiger, als die Wahrheit, die Freude, den Frieden und die Ruhe in meinem Inneren zu behüten. Indem ich mich darum bemühe, bemerke ich mit Dankbarkeit, dass sich mein Umfeld im gleichen Maße, wie ich selbst wachse, mit verändert. Wie vom Erdboden verschluckt sind jene Menschen, die mich ernsthaft ärgern können, mir an den Karren fahren oder mich in nutzlose Kämpfe verwickeln wollen. Neid und Missgunst begegnen mir zwar hin und wieder, berühren mich aber nicht wesentlich. Ich habe mich für die Freude entschieden – und gegen den Krieg.

Hingegen erlaube ich immer noch einigen Menschen, die ich besonders liebe, mich zu verletzen. Darüber bin ich nicht mehr sauer oder gar beleidigt, sie sind nun meine »Sparrings-Partner«, die mir helfen zu erkennen, dass ich Verletzung zulassen kann oder eben nicht. Sie weisen mir den Weg des Wachstums, der – wie ich erkenne – endlos zu sein scheint.

Mein privates wie auch berufliches Leben ist so viel einfacher geworden, freier, grenzenloser! In zunehmendem Maße bin ich schlicht und einfach nur ich selbst – mit allen noch vorhandenen Qualitäten, aber auch Macken, aber ohne den mühsamen Anspruch, perfekt erscheinen zu wollen. Welch eine Erleichterung! Welch eine Befreiung! Ich darf Fehler machen und fehlerhaft sein. Macken lassen das Leben farbiger werden – bringen mich (meistens) zum Lachen über mich selbst und helfen gewaltig, mit den Macken der anderen ebenso umzugehen. Immer weniger Trennung – immer mehr Gemeinsames. Ein herrliches Gefühl! Früher schien das Leben eine ernste Sache zu sein (erst die Arbeit – dann das Vergnügen!), das mit dem Durchhaltevermögen eines Ochsen irgendwie bewältigt sein wollte. Zurückblickend war's nicht nur schrecklich anstrengend, sondern auch sehr schmerzhaft.

Heute weiß ich, dass meine Seele ihren Weg kennt. Mein Leben ist immer dann leicht und mühelos, wenn ich mich von diesem tiefen, inneren Wissen führen lasse. Gott geht mit mir. Gibt es etwas Besseres? Gibt es etwas Schöneres?

Im Laufe der Jahre flossen meine ständigen Erkenntnisse und Aha-Erlebnisse intensiver in meine Arbeit mit ein und ich bemerkte, wie gerne sich die Menschen durch das Kahuna-Wissen in ihrer Seele berühren ließen. Es schien, als hätten sie darauf gewartet. Es entstanden Seminare und später Ausbildungen. Die meisten Klienten waren und sind froh und glücklich darüber, der alten Hamster-Tretmühle entronnen zu sein, aus der sie so lange keinen Ausweg fanden. So unterschiedlich ihre individuellen Entwicklungen und Wege auch sein mögen, so stimmen sie doch in einem Punkt überein: »Es funktioniert ja wirklich!« Sie haben ihre Freude wiedergefunden, ihre Liebe, ihre Kraft, weil sie nun auch mit ihrer Angst umgehen können.

Immer wieder erreichten mich auch Fragen und Bitten, dieses praktische, vor allem einfache und im täglichen Leben so wirkungsvolle Wissen der Kahunas zu ordnen und niederzuschreiben – was mit dem vorliegenden Buch nun geschehen ist.

Die Zeit scheint reif. Auch ich bin reifer geworden, habe vieles verstanden und verinnerlicht. Ich bekenne gern aus der Kraft meines Herzens, dass all meine Kraft aus Gott kommt, ja, Gott ist. Und ich bin überglücklich, dass es so ist.

Allen, die dieses Buch lesen, möchte ich – nach Art der Kahunas – raten: Glaubt mir kein Wort. Verwerft es aber auch nicht. Probiert alles aus. Dann werdet ihr wissen.

Ist solch ein Leben normal? 3

Ein Schnappschuss

Martin liegt schon eine Weile wach. Er kann nicht mehr schlafen. Zu viele Gedanken treiben ihn um. Er denkt an die Entscheidung, die heute ansteht. Wie mache ich's nur richtig? Soll ich nun den Laden von Breitmann noch kaufen – oder soll ich nicht? Vieles spricht ja dafür. Vielleicht kämen seine Kunden zu mir und ich könnte meinen Umsatz steigern? Die lästige Konkurrenz wäre ich dann auch endlich los, finanziell ginge es mir hoffentlich besser. Und wenn nicht? Schließlich ist der Kaufpreis ziemlich hoch und wir müssten einen weiteren Kredit aufnehmen. Was nun, wenn die Sache anders läuft, als ich denke? Dann habe ich den Kredit am Bein und kann nicht zurückzahlen.

Anna hat mir auch abgeraten. Aber wie Frauen halt sind, bringt sie mir keine logischen Argumente, sondern ihre Gefühle. Was soll ich denn damit anfangen? Aber vielleicht hat sie ja Recht. Es geht uns seit Jahren nicht besonders gut, dauernd müssen wir rechnen. Anna gibt das Geld auch viel zu flott aus. Sie könnte wirklich besser sparen. Müssen so viele Fummel im Schrank hängen? Ich mag's ja, wenn sie schick und schön gekleidet ist – aber das Geld muss ich verdammt hart verdienen. Anna hat keine Ahnung, wie viele

Nächte ich nicht richtig schlafen kann, weil ich nicht weiß, wie ich unsere finanziellen Verpflichtungen Monat für Monat erfüllen soll. Und diese verdammten Albträume. Die kommen auch immer öfter.

Also – was mach ich jetzt nur? Soll ich unterschreiben oder nicht? Ach, da fällt mir gerade ein, dass Marcel mich gestern Abend wegen des teuren Klavierlehrers fragte. Klar, er spielt wunderschön und hätte diesen Klasselehrer sicher verdient, aber wie soll ich denn das bloß alles finanzieren? Also doch den Laden von Breitmann kaufen? Ich kann ja fast gar nicht anders, als zuzustimmen. Wenn Marie ein bisschen älter wird, kommt sie auch mit ihren Forderungen. Mein Gott – Forderungen über Forderungen.

Martin stöhnt. Schweiß steht ihm auf der Stirn, das Herz klopft Alarm. Die komischen Schmerzen manchmal im Oberarm, dass wird doch nichts mit dem Herzen sein? Das hätte mir noch gefehlt. Eine entsprechende Lebensversicherung haben wir auch nicht. Zu teuer. Hab jetzt keine Zeit, weiter darüber nachzudenken. Ob ich mal zum Arzt gehen sollte? Quatsch. Kommt von allein, geht auch wieder von allein. Wenn ich bloß weniger Stress hätte ... Also doch den Laden kaufen? Bringt mir das mehr oder weniger Stress?

Ich stecke ganz schön im Schlamassel und keine Aussicht auf Besserung. Oder doch? Also kauf ich den Laden nun, oder nicht? Die Gedanken rennen im Kreis. Martin wird immer unruhiger, sein Atem geht schneller. Ich hab einfach Angst. Jawohl. Angst. Eine Sauangst sogar. Aber die will ich Anna nicht zeigen. Sonst macht sie sich wieder Sorgen. – Also, ich werd schon allein damit klarkommen. Hab ich ja bisher immer geschafft. Wovor hab ich nun eigentlich Angst? Er horcht in sich hinein. Ja, wovor eigentlich? Angst, alles falsch zu machen? Angst, nicht die richtige Entscheidung zu treffen? Angst, dass dann der ganze Laden hier zusammenbricht? Was ist dann mit der Ausbildung der

Kinder? Was ist dann mit den Raten fürs Haus? Was wird dann aus uns, Anna und mir? Au, verdammt, ich bin wirklich ganz allein, denkt Martin. Aber total allein. Niemand weit und breit, dem ich mal ernsthaft erzählen könnte, was ich denke, fühle. Die würden mich ja auslachen. Martin und Angst haben! »He, schwächel nicht rum, da musst du durch. Kneif den Hintern zusammen und starte durch. Wird ja wohl nicht so schwer sein. Bist doch ein Mann!« Diesen Quatsch will ich mir gar nicht erst anhören, denkt er. Mach ich's eben mit mir selbst ab, wie immer. Was sollcs.

Für einen Moment fühlt Martin einen Kloß im Hals. Das hätte mir gerade noch gefehlt! Auch noch losheulen. Aber er fühlt sich sehr allein. Mein Gott, ich bin doch echt 'ne arme Sau. Racker mich ab von morgens bis abends – und kein Mensch weit und breit, der mir mal zuhört.

Wenn Gedanken sich im Kreis drehen, kennt nur das Herz den Ausweg.

Verdammte Kiste. Das ist doch ein Hundeleben – nein, schlechter noch, so lebt überhaupt kein Hund. Alles ist immer so selbstverständlich. Kann die Anna mich nicht mal fragen, wie's mir geht? Die Kinder kommen auch nur, wenn sie was haben wollen. Bin ich ein Selbstbedienungsladen? He, wer bin ich überhaupt? Zur Angst kommt Wut. Wut auf sich selbst – auf all die anderen – auf dieses anstrengende, blöde Leben. Was soll eigentlich der ganze Quatsch? Arbeiten und arbeiten, Geld verdienen und damit Löcher stopfen? Das kann doch nicht der Sinn des Lebens sein! Und wenn doch? Die Gedanken rennen die nächste Runde. Also – kauf ich den Laden nun?

Entnervt wirft Martin die Bettdecke zurück und schleicht ins Bad. Anna schläft noch. Sie hat – wie immer – nichts mitbekommen, denkt Martin. Ob sie mich überhaupt noch liebt? Während Martin duscht, rennen die Gedanken weiter – eine Runde nach der anderen. Er fühlt sich müde, obwohl der Tag gerade erst begonnen hat. *Er* rasiert sich und betrachtet sich flüchtig im Spiegel. Sahst auch schon mal besser aus, ziemlich hager geworden und Ringe unter den Augen. Wo ist eigentlich der smarte Typ geblieben? Der sportliche Draufgänger? Vorbei – das war einmal, denkt er resigniert.

Während er sich leise ankleidet, wirft er einen Blick auf seine schlafende Frau. Sie sieht so sanft und lieb aus, denkt er und ein Lächeln huscht flüchtig über sein Gesicht. Aber mit uns läuft ja auch fast nichts mehr. Wann waren wir eigentlich das letzte Mal ...? Er denkt lange nach und kann sich nicht erinnern. Vor einer Woche? Oder waren es schon zwei? Ich habe eigentlich nur Probleme um mich rum, erkennt Martin. Nichts als Probleme. Soll das mein Leben sein??

Seine Gedanken läuten die nächste Runde ein. Was mach ich bloß? Was mach ich bloß? Er weiß es nicht. Er kann sich einfach nicht entscheiden ... Er setzt das Kaffeewasser auf.

* * *

Anna hört den Wecker beim ersten Läuten, stellt ihn ab und räkelt sich, streckt die Arme zur Seite aus und bemerkt, dass Martin schon aufgestanden ist. Merkwürdig, denkt sie, so kenn ich ihn gar nicht. Er ist doch ein Langschläfer und jeden Morgen muss ich ihn mit Engelszungen aus dem Bett locken. Ob es einen tieferen Grund gibt? Sie beschließt, ihn zu fragen.

Frohen Mutes weckt sie die Kinder, geht ins Bad und summt vor sich hin. Anna ist ein Sonntagskind, sagen ihre Freunde. Ihr fröhliches Wesen, die feinsinnige Art in Verbindung mit ihrem offenen Herzen helfen ihr, mit den unterschiedlichsten Situationen immer wieder zurechtzukommen. Heute jedoch summt sie leiser, nachdenklicher.

Martins Verhalten bedrückt sie. Vor Monaten noch, als er immer stiller und mundfauler wurde, glaubte sie zunächst an eine Laune und ließ ihn gewähren. Die Laune aber reißt nicht ab. Sie bemerkt es wohl. Wenn sie ihn fragt, kommt die Antwort: »Es ist nichts.« Er treibt kaum noch Sport und schaut entweder in die Zeitung oder in den Fernseher, wenn er endlich, spät abends nach Hause kommt. Anna möchte ehrlich wissen, was ihn bewegt, aber er spricht nicht.

Ob ihn der Kauf des Ladens von Breitmann so schafft? Für Anna ist der Fall sonnenklar: Sie würde dieses Geschäft niemals hinzukaufen. Noch mehr Arbeit, noch mehr Kredite, noch mehr Angestellte. Nichts als zusätzliche Belastungen. Anna weiß für sich, dass dieser geplante Kauf nur zusätzlichen Ärger brächte. Aber Martin will von dieser Perspektive nichts wissen. Er möchte ein erfolgreicher Geschäftsmann sein, sein eher bescheidenes Fotogeschäft stillt seinen Durst nach Erfolg nicht. Anna fühlt es und versucht, ihn auf die Kehrseite der Medaille hinzuweisen. Aber für seinen beruflichen Erfolg scheint Martin alles tun zu wollen – denkt sie. Warum eigentlich? Warum will er sich selbst immer noch beweisen, was er kann? Wir sind doch zufrieden. Wir besitzen zwar keine Reichtümer – aber uns geht's doch recht gut.

Ist es nicht genug, dass Martin oft Überstunden macht, für Hochzeiten und bei anderen Gelegenheiten? Ist es nicht genug, dass er am Wochenende die Buchführung mit heimbringt und stundenlang nicht zu sprechen ist? Es bleibt so wenig Zeit für uns, denkt Anna ein wenig traurig. Die wenigen freien Stunden werden auch noch verschwinden, wenn er diesen Laden kauft. Er hat jetzt schon keine Zeit mehr für die Familie, nicht für seinen Sport und ... auch nicht für mich. Ich scheine ihn überhaupt nicht mehr zu interessieren. Ob er mich überhaupt noch liebt? Er bemerkt weder ein neues Kleid noch eine neue Frisur an mir. Sieht er mich eigentlich? Anna kleidet sich besonders sorgfältig, wie sie es immer zu tun pflegt, wenn ihre Gefühle so instabil sind wie heute. Als sie die Küche betritt, sitzt Martin bereits am Tisch und trinkt seinen Kaffee. Er schaut nicht auf, liest weiter die Zeitung. Anna drückt ihm einen Kuss auf die Wange.

»Guten Morgen, Martin. Gut geschlafen?«

»Hm.«

»Guuuuten Moorrrrgen!«

»Ja, ja, Morn«, murmelt es hinter der Zeitung. Anna gießt sich Kaffee ein und setzt sich. Sie atmet tief und ruhig ein und betrachtet ihren Mann. Hängende Schultern, runder Rücken, Ränder unter den Augen, die ersten grauen Haare um die Schläfen, Mundwinkel verkniffen.

»Martin, machst du dir Sorgen wegen der Übernahme von Breitmanns Laden? Du siehst so bedrückt aus?« »Nein, alles okay«, nuschelt Martin mit deutlicher Abwehr in der Stimme. »Würdest du mich jetzt bitte in Ruhe die Zeitung lesen lassen?«

Anna kapituliert. Also wenn er nicht will, dann will er eben nicht, denkt sie. Die Würmer werde ich ihm nun auch nicht aus der Nase ziehen. Sie trinkt ihren Kaffee und knabbert an einem Brötchen. Tränen steigen ihr in die Augen. Sie fühlt sich barsch zurückgewiesen, einfach abgekanzelt. »Ich weiß nicht mal, warum«, denkt sie und jetzt fließen die Tränen. Sie liebt Martin, möchte ihm helfen, mit ihm entscheiden und Schwierigkeiten gemeinsam tragen. Aber er lässt sie nicht. »Er behandelt mich wie ein kleines Kind«, erkennt Anna heute nicht das erste Mal. Aber heute tut's besonders weh. Sie schnäuzt sich.

Die Kinder stürmen in die Küche, schnappen sich Cornflakes und Milch und werfen den Eltern einen kurzen, prüfenden Blick zu. »Dicke Luft?«, fragt Marcel. »Soll ich vielleicht im Wohnzimmer weiteressen? Mann, ist das 'ne Stimmung hier bei uns. Richtig aufbauend. Das haut richtig rein. Dann ess ich doch lieber am Kiosk.« Sagt's und verlässt mit protestierenden Gesten die Küche. Marie dreht sich um und rennt wieder in ihr Zimmer. Martin schaut auf. »Und was machst du heute?«, fragt er Anna mit eigenartigem Unterton. Um des lieben Friedens willen nimmt sich Anna zusammen. »Ich fahre mit Marie gleich zum Zahnarzt, dann muss ich auf den Markt, ich wollte Erdbeermarmelade kochen. Heute Nachmittag hat Marcel Klavierstunde, Marie ist beim Ballett und ich fahre die Kinder hin und hol sie wieder ab. Damit ist der Nachmittag schon voll verplant. Außerdem kommt deine Mutter zum Mittagessen. Ich bin voll ausgelastet.«

»Hast du ein schönes Leben. Hausfrau müsste man sein!« Es klingt so, wie es auch gemeint ist. Anna spürt die verbale Ohrfeige. Martin steht auf, nimmt seine Schlüssel und verlässt ohne ein weiteres Wort das Haus.

Anna bleibt zurück. Sie ist ratlos, findet sich hilflos und ohnmächtig in einer Situation wieder, die sie weder versteht noch gewollt hat. Die heimlichen Auslöser kennt sie nicht – versteht sie nicht. Jetzt ist sie wütend. »Das zahl ich ihm heim. So eine Unverschämtheit! Was fällt ihm eigentlich ein? Was will er von mir? Wieso habe ich überhaupt so einen Typen am Hals? Wozu brauche ich einen solchen Mann? Muffig, schlecht gelaunt, spricht nicht, lässt mich am ausgestreckten Arm verhungern, kuschelt nicht mehr, von Sex mal ganz zu schweigen. Fast nie zu Hause und wenn, dann trotzdem nicht anwesend. Dann leb ich doch besser allein.«

Und weil sie das heute nicht zum ersten Mal denkt, fühlt sie den Schmerz intensiver. Die Tränen kommen nun ungehemmt. »Das wird mir zu eng«, denkt sie, »wenn das so weitergeht, ersticke ich noch mal.« Sie sieht aber keinen Ausweg, weiß sehr gut, dass sie ihre Familie nie verlassen würde.

Martin hingegen fühlt sich besser. Er konnte einen kleinen Teil seines inneren Drucks ablassen und denkt nicht weiter über die Auswirkungen nach. Auf geheimnisvolle Weise hat ihn der Streit mit Anna gestärkt. Jetzt fällt die Entscheidung viel leichter. »Natürlich kauf ich den Laden«, denkt er. »Natürlich. Wird schon klappen.«

Es gelingt ihm sogar, ein Liedchen zu pfeifen, als er bei der Bank vorfährt. Beim Eintreten streift ihn der flüchtige Gedanke an Anna, ein Hauch von schlechtem Gewissen kommt auf. Er wischt ihn weg. »Ach wo. Ich kenne doch meine Anna. Die versteht mich doch«, denkt er schnell, um nur nicht weiter darüber nachzusinnen.

* * *

Beiden, Anna und Martin, ist noch nicht aufgefallen, dass sie sich in einem beginnenden Krieg befinden, in den auch die Kinder verwickelt sind. Wenn sie nicht schnell verstehen, dass nur noch die *ausgesprochene* Wahrheit und das Verständnis für die Motivation des anderen weiterhelfen kann, statt weiter die im Verstand zurechtgezimmerten, irrealen Vorstellungen zu verfolgen, wird sich der Zustand verschlimmern. Die angelernte Zurückhaltung, die Rücksichtnahme, das Schonenwollen dienen niemandem, sie schaden nur.

Martin und Anna wollen für den Partner und die Kinder das Beste – was ihnen fehlt, ist die Beziehung zu sich selbst, die jedem von ihnen die innere Stabilität für eine ehrliche und offene Auseinandersetzung ermöglichen würde. Jeder betrachtet den Partner aus seiner subjektiven Sicht, hält es aber für objektive Wahrnehmung. Keiner von beiden offenbart dem anderen die wahren Gefühle und Gedanken. Jeder belügt sich selbst. So kann Partnerschaft nicht tragfähig sein, weil jeder sich wegen der nicht kommunizierten inneren Wahrheit des anderen im Stillen betrogen fühlt. Die Wahrheit würde nicht verletzen – die Lüge hingegen tut es.

Beide würden mehr Verständnis füreinander entwickeln können, wüssten sie, dass der Mann einem inneren Zwang zur Pflicht folgt, den Frauen so nicht kennen, weil sie beide ihrem individuellen Schaffensdrang folgen. Beide sind am Ende stolz auf die Erfüllung ihrer Ziele – gehen aber getrennte Wege. Von Verständnis getragene, gegenseitige Unterstützung ebnet die unterschiedlichen Ansätze, erlaubt Freude und Liebe im Leben, die ohne ehrliche Kommunikation langsam ersticken müssen.

Die Kahunas leben ein natürliches Leben – sie erlauben ihrer Seele zu leben, sodass der Mensch, vom Licht durchdrungen, in Liebe denkt, spricht und handelt; Lösungen findet, die der vom Licht noch unberührte Verstand nicht denken kann, und Gefühle ausdrückt, die, direkt aus dem Herzen kommend, von Verständnis und Liebe getragen sind.

So zu leben ist nicht nur möglich, sondern unsere tiefste Sehnsucht. Wir alle sehnen uns danach. Hören wir den Kahunas noch ein wenig zu.

Leben wie ... 4

... ein natürlicher, lichter Gedanke

Wenn ich dir sage: »Du bist kein Mensch«, dann schaust du mich fragend an. Wenn du kein Mensch bist, was bist du dann? Was meinst du?*

Bisher hast du dich immer als Mensch gesehen und hast dich als solchen definiert. Eine klare Sache. Als Mensch lebst du hier auf der Erde, warum, das ist dir und den meisten anderen schon nicht mehr so klar. Du lebst und lernst, dein Leben zu gestalten, es zu planen und zu lenken, möglichst Erfolg zu haben. Du hast deine persönlichen Vorstellungen und Ziele. Eines aber willst du ganz sicher: Du willst geliebt werden und glücklich sein.

Hast du dich einmal gefragt, warum alle Menschen in diesem Punkt das Gleiche wollen? Gleichgültig, aus welchem Kulturkreis und welcher Hautfarbe? Alle suchen Liebe. Gibt es einen Grund für diese auffallende Gemeinsamkeit? Darüber denkt ihr vermutlich nicht weiter nach, sondern sucht

---

* Da in diesem Buch die Aussagen der Verfasserin und die Botschaften der Kahunas immer wieder miteinander verschmelzen, wird der Einfachheit halber im Folgenden durchgängig die Anredeform »du« verwandt.

euer eigenes Glück, eure eigene Liebe. Ihr gebt alles, um sie zu finden. Manchmal gelingt es – häufig nicht.

Wenn es euch nicht gelingt, dann seid ihr unglücklich. Ihr leidet und gebt euch selbst oder anderen die Schuld. ihr fragt euch innerlich nach den wahren Gründen – und findet sie meistens nicht. Vielleicht fühlt ihr euch deshalb heimlich als Versager? Wenn ich euch ansehe, dann finde ich kein Lächeln in euren Augen, keines um eure Lippen. ihr wirkt meistens ernst und angestrengt – auf der Suche nach euren selbst gesteckten Zielen. Ihr glaubt, erst dann glücklich sein zu können, wenn ihr sie erreicht habt. Bis dahin müsst ihr

Wir alle suchen Liebe und wissen nicht, warum ...

euch ins Zeug legen, arbeiten, euch anstrengen, alles geben für das ersehnte Ziel. Bis dahin habt ihr einfach keine Zeit zum Glücklichsein! Selbst wenn ihr den liebevollen Menschen gefunden habt, der nun an eurer Seite lebt, nehmt ihr dieses Geschenk bald als selbstverständlich hin und behütet die Liebe nicht, weil ihr noch nicht wisst, dass sie das Wichtigste in eurem Leben ist.

Habt ihr dann ein Ziel erreicht, dann fällt euch gleich das nächste ein, das ihr auch noch erreichen wollt, und alles beginnt von vorne. Ein Ziel nach dem anderen erreichen, wozu soll das gut sein? Warum handelt ihr so? Wir sehen euch zu und meinen, ihr lebt nicht. Wo ist eure Freude geblieben? Wo eure Spontaneität? Wo die Lust auf Leben? Wo das Jauchzen? Wo die überfließende Energie? Freude zu fühlen ist ein Entschluss – kein Zufall.

Du kennst deine Ziele – aber kennst du auch dich selbst? »Wer bist du?«, frage ich dich. Jetzt nennst du mir deinen Namen und erzählst mir deine gesamte Lebensgeschichte. Hast du mir damit etwas über dich erzählt? Nein, das hast du nicht.

Du sprichst von deiner Person, über ihre Wünsche und Nöte. Aber doch nicht von dir! Wenn du dem noch Verborgenen erlaubst, zu leben und zu leuchten, dann erinnerst du dich daran, dass du mehr bist als deine Person! Hast du dir die leise Ahnung davon bewahrt, trotz deines schnellen, hektischen Lebens, das du lebst? Ahnst du, dass du mehr bist als ein Mensch?

Willst du deine alltägliche Realität so strukturieren, dass sie dich Tag für Tag aufbaut, oder willst du dir selbst weiter die Kraft nehmen? Bist du langsam müde geworden von all den Kämpfen, die du ausfechten musst? Magst du dich nicht mehr als Verlierer fühlen? Als Versager? Als ständig Suchender? Möchtest du innerliche Klarheit über den Sinn deines lebenslänglichen Tuns? Willst du verstehen können, warum du lebst? Warum alles so ist, wie es ist? Willst du dich tief in deinem Herzen erinnern und die Ahnung zur Gewissheit führen, damit dieses Herz wieder warm und tief lieben kann?

Alle wirklich großen Entdeckungen, die eure Wissenschaftler und Forscher im Laufe der Jahrhunderte machten, gingen von einer gemeinsamen Entscheidung aus. Die Entscheidung hieß: zunächst einmal alles zu vergessen, was andere Kollegen zu diesem Thema bereits bewiesen zu haben glaubten. Alles beiseite zu legen, was die landläufige Meinung der Gesellschaft war. Klaren Tisch machen und mit Hilfe des eigenen Denkens noch einmal ganz von vorn beginnen.

Genau das Gleiche wollen wir dir vorschlagen. Du bist gekommen, weil du suchst. Mehr noch, du willst wirklich finden. Du kannst jedoch nur finden, wenn du offen bist. Vorgefasste Meinungen sind Vorstellungen, die ein Offensein nicht zulassen.

Auch wenn es dich zunächst erschreckt, sagen wir noch einmal: Du bist kein Mensch. Du bist eine Seele, ein Lichtmensch. Solange du glaubst, ein Mensch zu sein, meinst du zwar, auch Geist und Seele zu haben, aber das ist nicht das

Gleiche. Du *hast* die Seele nicht, du *bist* sie. Sie möchte deine Person erhellen – deine Angst mit Vertrauen heilen, dich die Welt und dein Leben neu sehen lehren. Sie kann es jedoch nur, wenn du deiner Göttlichkeit bewusst gestattest, dich, den Menschen, zu durchfluten.

Was weißt du über deine Seele? Nicht viel? Nun, dann lass dir erzählen, was wir wissen. Glaub mir kein Wort – verwirf aber auch keines – lass alles in dein Herz sinken, probier es dann aus und erkenne, was deine Wahrheit ist.

Der Unaussprechliche ist das *Alles*, das wir nicht näher benennen wollen. *Es* ist das Allerhöchste – der *Alles* durchdringende Geist. Die Liebe. Du findest *Ihn* in allem, was dich umgibt. Stofflich oder feinstofflich. Du findest *Sie* im gesamten, unendlichen Universum. Dieser Geist ist Liebe. Es gibt nur die Liebe. Nicht emotional, sondern *Alles* umfassend. Kosmisches Bewusstsein, das alle Formen, also auch den menschlichen Körper, erschafft und wieder vergehen lässt. In *Ihm* haben wir alle unseren Ursprung. In *Ihr* sind wir alle verwurzelt. Deine ewige Essenz, deine Seele, trägt das Wesen des ewig schöpfenden Unaussprechlichen in sich. Der Unaussprechliche lebt in dir, und du in *Ihm*.

Eure Physiker beschreiben es zurzeit so: *Er* ist das Quantenfeld – die fundamentale physikalische Einheit, die lebende Leere, die in endlosen Rhythmen von Erzeugung und Zerstörung pulsiert, die unbegrenzt diverse Formen entstehen lässt und wieder vernichtet. Einstein hat es »das Feld« genannt und als einzige Realität definiert. Materie ist nach seiner Meinung der Bereich, in dem das Feld extrem dicht ist.

Während du nun in deinem Körper wohnst und deine Erfahrungen sammelst, bleibt dein Bewusstsein Teil des Feldes. Deine Essenz, der Lichtmensch, existiert nur im Feld und das Feld durch die Essenz. Du bist also immer vollkommen verbunden. Das Gefühl der Trennung ist daher eine

Illusion, die du erkennen willst, und nicht deine Realität, auch wenn dein rationaler Verstand es dich so gelehrt hat. Um besser verstehen zu können, stell dir nun einen unendlichen Raum voller Licht vor, so hell, wie du es dir in deinen kühnsten Träumen nur ausmalen kannst. Du, als Seele, verweilst in diesem Raum, bist Teil dieses Raumes, ein Lichtfunke, eine einzigartige Gedankenform des Unaussprechlichen.

Die Essenz eines jeden Menschen ist stets mit dem kosmischen Bewusstsein verbunden.

Dich umgeben unendlich viele, weitere, ebenso einzigartige Gedankenformen. Ihr seid eins und seid es doch nicht.

Weißt du, warum wir den Ozean so sehr lieben? Er schenkt uns fortwährend ein anschauliches Bild unserer ursprünglichen Heimat. Du wohnst als ein Tropfen im Ozean und zur gleichen Zeit erfährst du doch das Ganze. Niemals getrennt, immer vereint. Dennoch bist du »nur« ein Tropfen. Oder eben eine Gedankenform – einzigartig auf deine ganz besondere Weise. Ohne dich ist das Ganze niemals vollkommen. Du gehörst dazu – auf immer und ewig. Fühl es doch mal! Stell es dir vor!

Du bist diese einzigartige Gedankenform im lichten Raum. Du fühlst dich dort so grenzenlos geliebt, dass wir es dir mit Worten nicht beschreiben können. Während du in diesem Raum verweilst, erwacht eine Sehnsucht in dir. Du fühlst dich glücklich, selig, geliebt und getragen, vereint und im tiefsten Frieden. Der lichte Raum durchdringt dich mit einer so zärtlichen, liebevollen Intensität, dass du erfahren möchtest, woher diese unbeschreibliche Glückseligkeit kommt. Du möchtest herausfinden, was sie ist, woraus sie gemacht ist, sie bis in ihren tiefsten Ursprung ergründen.

Je mehr du deiner Sehnsucht nachspürst, desto klarer erkennst du, dass du dich aus diesem lichten Raum entfernen musst, wenn du zum Ursprung deiner Glückseligkeit gelangen willst, die du mit allen Fasern deines Seins suchst. So löst du dich langsam von dieser Heimat und viele andere Gedankenformen ziehen ebenfalls mit dir davon.

Die Seele wandert und sucht sich (und dies ist nur eine der vielen Möglichkeiten) zum Beispiel einen physischen Körper. Schau dich selbst an, oder berühre jemanden. Was du siehst und fühlst, ist ein menschlicher Körper. Aus Fleisch und Blut. Oder größtenteils aus strukturiertem Wasser bestehend, egal, wie du es definieren willst. Du hast nur gelernt zu glauben, dass du einen Menschen vor dir siehst, weil eure Gesellschaft es lehrt. Wir jedoch lehren unsere Kinder das Gegenteil: Was du wirklich siehst, ist ein Lichtmensch, der sich einen hübschen Körper zu Hilfe genommen hat, weil die Seele ihrer einzigen, tiefsten Sehnsucht folgt, über die wir soeben gesprochen haben.

Sie hat nun scheinbar etwas hinzugefügt, was zuvor nicht da war, und einen materiellen, stofflichen Körper gewählt, während sie selbst stets immaterielles, feinstoffliches Bewusstsein bleibt. Sie schuf den illusionären Gegensatz ihrer selbst: Materie, greifbar, be-greifbar. Ist das nicht genial? Auf diese Weise gelangt die Seele in die Polarität – die Welt der Gegensätze. Denn nur dort wird erfahrbar, was die Seele ergründen will. Stell dir für einen Moment vor, du wärest völlig allein auf der Welt. Du würdest in diesem Fall nicht einmal wissen, dass du eine Frau/ein Mann bist. Wie kannst du wissen, was heiß ist, wenn du kalt nicht kennst?

Wenn wir diesen Gedanken weiterverfolgen, wird klar, dass die Seele nicht zum Ursprung ihrer geliebten Glückseligkeit gelangen kann, wenn sie deren Gegenteil, also die Angst, oder die Nicht-Liebe nicht erfahren darf. Um aber zu vollenden, was sie ersehnt, erschafft sie die Trennung. Indem sie das scheinbare Menschsein und damit den Körper wählt, kreiert sie das Gegenteil ihrer selbst. Der Mensch wird geboren: eine Person mit

Der Weg zum Ursprung führt über Gegensätze und die Illusion.

einem freien Willen, mit Gedanken und Gefühlen, umhüllt vom ewigen Lichtmenschen, der die Person in dem Moment erleuchtet, in dem er beschließt, die Erfahrung der Trennung zu beenden.

Das Spiel beginnt: Das menschliche Bewusstsein erinnert sich nicht mehr. Durch die Erziehung der Gesellschaft erfährt der Mensch die Trennung von Glückseligkeit, Liebe und Vertrauen, fühlt die Kluft in sich selbst. Das bekannte Licht erscheint wie ein Traum, die Dunkelheit hingegen als real. Angst wird spürbar. Seine tiefste Angst wird fortan die sein, auf ewig vom Unaussprechlichen getrennt zu sein.

Wenn du als Kind nicht erfährst, dass sich die Seele diesen Körper erschaffen hat, um sich selbst zu erkennen, kannst du leicht der Illusion aufsitzen, »nur« einen Menschen zu sehen. Aber schau doch in meine Augen hinein! Siehst du die Seele darin leuchten? Fühlst du die Liebe meiner Seele? Erkennst du mein Sein? Mit deinem Verstand oder mit deinem Herzen?

Du weißt, wie ich, um deine Seele, lerntest aber, dass du eine Seele *hast*. Sie wohnt in eurem Körper, sagt ihr. Glaubst du wirklich, dass diese einzigartige, lichte, grenzenlose Gedankenform des Unaussprechlichen in einen Körper schlüpft? Es ist genau umgekehrt: Wir sehen mit den Augen unseres Herzens, dass der *Körper* in der Seele wohnt, von ihr umgeben und durchdrungen ist,

Der Körper ist Teil unserer Seele und trägt in jeder Zelle ihr Licht.

eingehüllt wie in einen lichten, schützenden Mantel. Jede einzelne Körperzelle trägt ihr Licht. Dein Körper weiß um deine Seele, trägt ihr Wissen und spricht von ihr zu dir. Lass die schmerzhafte Idee, ein Mensch zu sein, hinter dir und öffne dich wenigstens für die Möglichkeit, ein Lichtmensch zu sein. Dann wirst du dich erinnern und wissen.

Auch wir, die Kahunas, leben in einem Körper, haben auch eine Person und kennen deren Willen. Genau wie ihr.

Aber wir folgen ihm nicht. Wir folgen bewusst der Stimme unserer Seele, die auch die Stimme des Herzens genannt wird. Darum sind wir immer glücklich, darum siehst du unsere Augen strahlen, darum tanzen wir so gerne und lachen so viel. Humor ist doch die Sprache der Seele! Dieses Leben ist ein Fest. Ein Fest für unsere Seele, denn sie ist auf dem Wege, sich selbst neu zu erschaffen. All unsere Erfahrungen begrüßen wir als Segen, entspringen sie doch der Absicht der Seele, sich selbst zu erkennen.

Weil die Seele hier auf Erden im Gegensatz lebt, kann sie wählen und damit *alles*, was sie will, erschaffen. So erschafft sie sich durch unzählige Erfahrungen immer wieder neu und während sie ihr Werk vollendet, erfährt sie, was Liebe ist. Verstehst du nun, warum alle Menschen die Liebe suchen? Weil sie es *sind*. Sie sind es einfach, in ihrer Vitalessenz. Begegne jedem Menschen in diesem Bewusstsein – deine Liebe wird wachsen und gleichzeitig auch die Liebe des anderen. Weil du ihn wortlos, aber voller Licht, daran erinnerst, wer er selbst ist. Du kennst jetzt die Wahrheit in deinem Herzen. Auch kannst du dich erinnern oder erinnert werden, wenn du es zulässt. Du hast die Wahl.

Liebe ist das, was wir essentiell sind und schon immer waren.

... oder leben wie ein normaler Mensch?

Wir richten unser Bewusstsein auf die Seele. Körper, Person und deren freier Wille dürfen uns helfen – aber die Seele bestimmt unseren Weg. Sie ist der Chef, niemals umgekehrt. Wenn *du* »ich« sagst, spricht die Seele, der Lichtmensch. Und *wen* meinst du, wenn du ich sagst? Ganz recht, die Person. Du meinst den Menschen, der du zu sein glaubst.

Du hast dein Bewusstsein wie einen Scheinwerfer mit Scheuklappen auf das Geschehen um dein Menschsein gerichtet, weil du bereits als Kind so ausgerichtet wurdest und es zudem alle anderen in deiner Umgebung ebenso handhaben. »Was alle tun, muss richtig sein«, folgert der rationale Verstand und begründet: »Sonst würden sie es ja wohl nicht tun.« Du glaubst also felsenfest, dass *mehr* einfach nicht ist.

Deine Person lebt daher in einer anderen *Realität*. Sie lernt frühzeitig, dass der rationale Verstand ein äußerst wichtiges Instrument ist. Solange du ein Kind bist, siehst du immer Menschen vor dir, die deine Lehrer sein wollen. Sie erzählen dir, dass sie das Leben schon länger kennen und daher besser wissen als du, was im Leben zählt und wichtig ist.

Sieh deine Eltern an. Sicherlich lieben sie dich. Aber ihre Liebe ist noch eine emotionale Liebe. Der Zustand der Liebe, den die Seele kennt, ist den meisten von ihnen in der irdischen Existenz weitgehend unbekannt – natürlich fühlst du bald, dass du nicht so geliebt wirst, wie du bist. Denn die emotionale Liebe ist an Bedingungen geknüpft und meint, wenn ... dann. »Wenn du mir bringst, was ich mir vorstelle, dann liebe ich dich.«

So lernst du dich anzupassen, unterzuordnen, den Mund zu halten, nicht zu zeigen, was du fühlst, sondern zu tun, was deine Eltern von dir erwarten. Du lernst, dass die Großen immer Recht haben, alles besser wissen und dich reglementieren. Du lernst, was du darfst und nicht darfst und fühlst dich oft sehr unwohl in diesen Regeln, weil du fühlst, dass du als einzigartiges Wesen gar nicht gesehen wirst. Die Verbote häufen sich, deine eigenen Erfahrungen werden dir verboten, die du so nötig brauchst, um dich selbst kennen zu lernen. Die Evolution deiner Seele läuft aus dem Gleis, denn du hältst bald für dein Ich, was gar nicht deines ist.

Was kannst du tun als Kind? Tief in dir ruft die Sehnsucht nach Liebe – und auf diese Liebe kannst du nicht verzichten, weil sie deine Natur ist! Du brauchst Liebe! Ohne sie zu leben ist einfach unmöglich. Außerdem hast du Angst. Die Angst, nicht geliebt zu werden, schmerzt allein schon sehr. Denn Angst ist der Begleiter des Menschseins, ebenso wie Vertrauen zum Lichtmenschen gehört.

Weil du keinen anderen Weg siehst, an deine wichtigste Nahrung – Liebe – zu gelangen, tust du etwas, um geliebt zu werden. Das ist der Einstieg in die Abhängigkeit. Solange du jedoch nicht weißt, dass diese Erfahrung auch eine Chance sein kann (du wirst es bald verstehen), empfindest du sie als Zwang und Begrenzung und wirst vermutlich rebellieren. Erneute Strafe und Zurechtweisung, verbunden mit Liebesentzug, sind die Folgen. Diese Strafe verstehst du im Grunde deines Herzens nicht, weil du doch nur die Liebe willst. Der Schmerz wegen der Zurückweisung und des Unverständnisses bohrt sich tiefer. Vielleicht rebellierst du auch nicht und duckst dich. Dieser Schmerz bohrt allerdings nicht weniger tief.

Du magst dich innerlich fragen: Warum werde ich nicht geliebt? Warum sieht mich niemand? Warum versteht mich keiner? Warum will niemand wissen, wie *ich* mich fühle? Wieso stehe ich so allein und schutzlos in der Welt? Und deine Antwort wird vermutlich lauten: Mit mir stimmt etwas nicht! Ich bin's wohl nicht wert! Bin vermutlich ein

Nichts – unbedeutend, nutzlos, wertlos. Der Schmerz bohrt sich tiefer ...

Nun reicht es dir. Du willst so viel Schmerz nicht fühlen. Du wirst wütend und aggressiv, gibst anderen zurück, was du erfahren hast. Die Folge ist entweder erneute Strafe – oder aber du verteidigst dich. Du kämpfst wie ein Löwe. Bringt dir all dies die Liebe, die du suchst?

Nun entdeckst du deinen rationalen Verstand und hörst, dass ein kluges Kind ein gutes Kind ist. Jetzt legst du dich erst recht mächtig ins Zeug. Wär doch gelacht – endlich hab ich den Dreh raus, denkst du. Dann bin ich eben klug und werde dafür endlich geliebt. Wenn deine Rechnung aufgeht, wirst du für gute Noten und Leistung geliebt. Tief in dir wirst du jedoch bald erfühlen, dass diese Liebe nicht dir gilt.

Geht die Rechnung nicht sofort auf, wirst du dich mehr und immer mehr anstrengen, damit du es endlich wert bist, geliebt zu werden. Dein rationaler Verstand wird noch vieles lernen, viele Kunststückchen vollbringen und vielleicht sogar eine gewisse Genialität entwickeln, um Liebe, Anerkennung zu ergattern. Deine Erfahrung wird sein: Liebe nur für größte Leistung, bei maximalem Energieeinsatz, denn sie ist nicht einfach da, natürlich und selbstverständlich im Überfluss, so, wie du es im lichten Raum erfahren hast. Emotionale Liebe ist stets und ohne Ausnahme an Leistung, Erwartungen und Bedingungen geknüpft. Sie ist ein Tauschgeschäft: »Gib mir deine Energie, dann bekommst du auch etwas zurück.«

Vielleicht suchst du dir auch einen anderen Weg, um geliebt zu werden, den über deinen Körper. Du wirst für deine Schönheit geliebt, für dein ansprechendes Aussehen, deine herrlichen Muskeln, den perfekten Körper, das ebenmäßige, holde Gesicht, die anmutige Erscheinung, die klangvolle Stimme. Sosehr du dies zu Anfang auch genießen magst, findest du doch sehr bald heraus, wie tief der

Stachel sich eingräbt, dich nicht um deiner selbst willen geliebt zu fühlen.

Der Schmerz ist nun schier unerträglich geworden – deshalb übernimmst du etwas, was dir als Ventil und als Pflaster für die tiefe Wunde des Nicht-Geliebtseins dient. Du flüchtest dich mit Hilfe deines rationalen Verstandes in Urteile und Bewertungen. Denn tief innen weißt du ja, dass du nicht faul, dumm und unnütz bist. Tief in dir ist klar: Du bist in Wahrheit nicht das, was all die Menschen von dir sagen, die dich verletzen, weil sie dich nicht sehen (können). Gehörst du eigentlich hierher auf diese Erde? Hast du dich verirrt? Du kommst dir vor wie ein Fremder, der keine Heimat hat, und flüchtest dich in die Isolation. Oder du trumpfst auf, rufst laut und vernehmlich: »Hoppla, jetzt komm ich!«, und schiebst beiseite, was sich schieben lässt. In beiden Fällen weißt du nicht, wie du mit dem Schmerz fertig werden sollst, der bereits brennt wie Feuer. Es bohrt und schmerzt, dass du am liebsten schreien würdest. Aber das tut man ja nicht, hast du gelernt. Schon gar nicht als vernünftiger Erwachsener.

Was tun wir nicht alles, um geliebt zu werden – doch die Rechnung geht nicht auf ...

Also lässt du den Dampf so ab, wie die Gesellschaft es erlaubt. Vielleicht findest du eine Sucht, in die du dich flüchten kannst, um den brüllenden Schmerz zu betäuben, oder du urteilst jetzt ebenso vehement wie alle anderen: Du findest hier einen Idioten, dort ein mieses Schwein, gleich danach einen faulen Hund und natürlich jede Menge fieser Typen, die das Licht der Sonne nicht wert sind.

Doch was geschieht wirklich, wenn du so denkst und handelst? Du wählst dieses Mittel, um dich – zumindest verbal – über die anderen zu erheben. Du hast noch keinen anderen Weg gefunden, den du ihnen entgegenhalten könntest, wenn sie wieder über dich urteilen, was dir so verdammt wehtut. Und weil diese Methode den Schmerz betäubt, wenigstens für ein Weilchen, ist dein Kopf bald pausenlos in Urteile und Bewertungen verwickelt. Hör dir doch selbst einmal zu: Lauter irrwitzige Nachrichten! Aber du glaubst sie, willst sie glauben! Was aber ist die Wahrheit, die dahinter liegt? Andere Menschen wegen ihrer Fehler zu verurteilen bedeutet vorzugeben, dass du selbst keine machst. Na ...?

Was dir durch die Wucht des Schmerzes gar nicht mehr bewusst wird, ist die Tatsache, dass du mit jedem einzelnen negativen Gedanken den Schmerz in dir selbst verstärkst. Du verletzt dich selbst, spürst den Schmerz, weißt nicht damit umzugehen, schluckst, solange du kannst, dann suchst du das nächste Ventil: Der »andere« ist schuld. Weil aber alles zu dir zurückkommt – jeder einzelne, klitzekleine Gedanke –, geschieht noch etwas sehr Bedeutsames: Deine gedachte Negativität schwebt im Universum, und alle weltweit gedachten negativen Gedanken finden sich in einem Raum zusammen, bevor sie zum Urheber zurückfließen. Ihr sprecht so viel über Umweltverschmutzung. Habt ihr einmal über diese Form der Verschmutzung nachgedacht? Eines erreichst du bei alldem mit Sicherheit: Die Liebe, die du suchst, rückt immer weiter weg, und damit rückst auch du immer weiter weg von deiner Seele.

Der Schmerz fühlt sich an wie ein mächtiges schwarzes Loch. Du hast Angst, dich zu outen, selbst mit Freunden sprichst du nicht darüber. Also schweigst du und beschließt zu tun, was alle tun: Das Loch wird jetzt gestopft! Das wird ja wohl kein Problem sein. Möglichkeiten gibt's doch genug.

Wer vor dem inneren Schmerz davonläuft, wird immer wieder von ihm eingeholt.

Und der rationale Verstand bietet sofort seine Hilfe an. Er sagt ohnehin am allerliebsten: »Ich will haben.« Also wollen wir *jetzt* haben. Haben ohne Ende und solange der Geldbeutel mitmacht. Exzessiv, wenn's sein muss, je nach Brennen des Schmerzes. Das Fatale ist nur, dass das Loch nicht verschwindet. Du stopfst – und stopfst, und es bringt auf Dauer nichts. Dein Loch ist ein Nimmersatt. Du kannst dein ganzes Leben verschwenden, um dieses Loch zu stopfen. Du wirst immer am gleichen Punkt ankommen: Es will mehr. Was kannst du jetzt tun?

Du hast die Wahl!

Vor diesem schwarzen Loch wartet die Kraft deiner Seele im Verborgenen auf deine Entscheidung. Du kannst sie finden! Jetzt ist sie da, die Chance, wenn du endlich des Stopfens müde geworden bist. »Warum nur pumpe ich fast meine gesamte Energie in dieses gefräßige Loch, ohne Aussicht auf Erfolg und Ende?« An diesen Punkt will deine Seele kommen: den Moment der *Not-Wendigkeit*. In diesem Augenblick öffnet sich dein Bewusstsein für neue Möglichkeiten. Du bist nun bereit, dich zu erinnern, grundlegende Veränderungen zuzulassen.

Die gewünschten Gegensätze hast du nun erfahren – die Seele kennt ihr Gegenteil. Die innere Schmerzgrenze ist erreicht. Der Weg ist frei für die Liebe, für Verzeihen und Verstehen. Wie viel Druck fällt von dir ab! Hilflosigkeit und Wut, Selbstzweifel und Schuldgefühle, Kontrolle und Kampfgeschrei, aufgebaute Mauern und Grenzen, Überforderung und Leistungsstress, Einsamkeits- und Ohnmachtsgefühle, Aggression und Traurigkeit – all das darf jetzt zu Ende sein.

Du beginnst dich zu erinnern, wer du vermutlich bist, und nimmst mit Erleichterung wahr, dass du eine Wahl hast. Es ist, als würdest du zum allerersten Mal klar sehen können: Du lebst in der Polarität, ja. Daran kannst und willst du auch gar nichts ändern. Aber du fühlst, dass du frei bist zu wählen. Du kannst wählen, was du fühlen willst. Du kannst deine Energie lenken. Du bist nicht abhängig, es schien nur so. Für einen kurzen Moment erinnerst du dich, dass du immer frei warst. Frei im Geiste, frei in deiner Seele. Welch ein Gefühl! Jetzt betrittst du als lichtes Wesen die Bühne deines Lebens. Was andere über dich denken, wie sie dich beurteilen oder bewerten, wird unwichtiger. Was wissen andere von deiner Einmaligkeit? Kennen sie ihre eigene? Wichtig ist doch nur eine Frage: Was denkst du über dich? Ja, endlich willst du liebevoll über dich denken, dich nicht dauernd klein machen, in der zweiten Reihe stehen und dich verstecken; oder in der ersten Reihe Zielscheibe für die Aggressionen und Erwartungen anderer sein und bis über die Erschöpfung hinaus kämpfen. Du willst einfach nur du selbst sein, und dafür nimmst du dir ab sofort dein ganzes Leben Zeit. Du willst natürlich sein, nicht länger normal. Du willst die Freude wieder in dir fühlen können, und nicht nur Druck. Du willst respektvoll zu dir selbst sein, und zu allen anderen. Du willst jetzt die bislang unbekannten Kräfte und Möglichkeiten deiner Seele entdecken und ein Energieschub lässt dich aufspringen. »Ja, ich will endlich mal leben, was ich wirklich bin!« Nun hast du deine natürliche Würde wiedergefunden.

Erinnere, wer du bist, und du wirst frei sein in der Seele.

Nach und nach löst du dich ein wenig von den Durchsagen deines rationalen Verstandes und begreifst, dass all das, was er jemals verstehen kann, in der Ewigkeit nicht zählt. Das Wissen, das er angesammelt hat, dient dem Unterhalt der Person. Das ist eine Sache. Das angelernte Verstandeswissen dient aber niemals der Evolution deiner Seele, es erlaubt dem lichten Wesen das Leben nicht. Du beginnst zu begreifen, dass alles, was du als Mensch wissen kannst, nicht der Mühe wert ist, aber alles, was wirklich der Mühe wert ist, gar nichts mit diesem Wissen zu tun hat. Du beschließt, in deinem Leben nicht einen Augenblick länger das Geringfügige über das Große zu stellen, und suchst fortan auf der Höhe. Auch wenn du dich zwischendurch im Tal wiederfindest, kannst du dein Bewusstsein dennoch erheben. »Es ist nichts Erleuchtetes daran, dich klein zu machen, damit andere sich in deiner Präsenz nicht unwohl fühlen«, sagt Nelson Mandela dazu.

»Solange ich mich von meiner Vernunft führen lasse, wird sie mich narren«, schießt es als Gedankenblitz durch dein System und du erkennst, dass du den Frieden und die Liebe nicht finden wirst, bevor du dich nicht bewusst entschieden hast, dem Lichtmenschen zu seinem natürlichen Glanz, seinem Leben zu verhelfen.

Natürlich! Natürlich! Wenn ich mit meiner Seele wieder verbunden bin, fließt mir die grenzenlose Energie des Universums zu – die Liebe des Unaussprechlichen – mein Urvertrauen. Statt immer Sicherheit zu suchen, die es gar nicht gibt und die ich zukünftig immer weniger vermissen werde, verbünde ich mich mit meinem Ur-Vertrauen. Endlich habe ich verstanden. Der zweite Teil meines Abenteuers »Leben« kann beginnen. »Ich bin bereit. Mein Herz jubiliert und meine Seele hüllt mich ein in ihre Liebe. Ich habe meine Fesseln gesprengt, ich kann mich selbst sehen, ich bin mit mir!«

Die Arbeit an dir selbst beginnt. Selbstverständlich wirst du nicht von heute auf morgen wieder vollkommen mit deiner Seele verbunden sein – lang war der Weg durch die Gegensätze, die Dunkelheit. Schmerzhaft und mit vielen Erinnerungen beladen. Deine Liebe wird dir sagen, dass du nun Zeit brauchst, Ausdauer und eine neue Form der Selbstdisziplin. Denn deine Lebensenergie will sich nun wieder deiner Seele zuwenden, sie nähren und behüten, damit sie sich langsam entfalten kann. Freu dich auf dein Selbst – freu dich mehr und mehr an deiner lichten Herrlichkeit und besonders daran, dass du ab diesem Moment niemals mehr allein bist!

Um dir die ersten Schritte ins neue Denken ein wenig zu erleichtern, haben wir für dich die wichtigsten Gegensätze zusammengestellt. Vielleicht hilft dir die nachfolgende Liste, klarer und spontaner zu wählen, wohin du dein Bewusstsein lenken willst.

Schau deine Gedanken an. Alle, die dich behindern, wollen eliminiert werden. Nur Gedanken, die die Wahrheit enthalten und segnen, wollen erhalten bleiben. Allem, was dich aufbaut, schenkst du deine Energie, alles, was dich schwächen könnte, beachtest du nicht weiter. Werde klar in deinem Verstand und weise zurück, was dir nicht dient. Ein einziger negativer Gedanke kann deine Energie in enorme Verstrickungen bringen – ebenso

Gedanken sind ein Bumerang, also wähle nur die guten.

wie ein einziger wahrer Gedanke die Harmonie der Seele verstärkt. Die Meisterschaft über deine Gedanken ist Grundvoraussetzung für deine Veränderung – sie ist einfach – aber nicht leicht. Sie fordert deine Ausdauer und fortwährende, innere Leidenschaft für das Erreichen deines Ziels als Mensch: mit deiner Seele wieder eins zu sein. Mit einer Stimme zu sprechen. Die Wahrheit zu wissen. In der Liebe deines Herzens dein Zuhause finden.

Die Seele weiß	Der Verstand glaubt
Licht	Dunkelheit
Liebe	Nicht-Liebe
Seele	Mensch, Person
Glückseligkeit	Schmerz, Angst
höherer Verstand	rationaler Verstand
höherer, freier Wille	persönlicher Wille
Sein	Haben
Vollkommenheit	nie gut genug
Vertrauen	Angst
behütet	schutzlos
grenzenlos	begrenzt
Akzeptanz	Bewertung, Urteil
Unschuld	Schuld
Freiheit	Abhängigkeit, Zwang
Aktion	Re-Aktion
Verstehen	Vorwürfe
durchlässig	zugemauert
geschehen lassen können	feste Vorstellungen
Geduld	Ungeduld
Offenheit	Vorurteil
Gelassenheit	Kontrolle

Machtvolle Gedanken

Seit frühester Kindheit üben sich die Kahunas darin, nur aufbauende Gedanken zu erschaffen, die ihnen stärkende Gefühle bescheren, die wiederum einen segnenden Einfluss auf unsere Handlungen nehmen und unser Verhalten bestimmen. Die Kahunas sagen: »Wir sind gewiss, dass die Liebe des Unaussprechlichen nur auf diese Erde kommen kann, wenn wir es mit allen Fasern unseres Seins wollen. Wir lieben die Erde, wir lieben die Menschen ganz so, wie sie gerade sind, weil wir den Unaussprechlichen lieben. Wir wollen euch in Liebe dienen. Wir zeigen euch unseren Weg, in die Freude des Herzens zu fliegen. Wir fühlen große Freude bei der Idee, mit euch einige unserer alltäglichen Gedanken zu teilen. Lasst euch inspirieren, nehmt unseren Impuls an, wenn ihr wollt. Vielleicht steckt euch unsere Fröhlichkeit an, vielleicht verbreitet sich die Liebe bald schneller wie ein Lauffeuer. Möge sie die Welt erfassen und alle, die sie berührt, mit tiefer Freude erfüllen und heilen.«

- Es ist sehr leicht, die Samen in einer Orange zu zählen. Aber wer von uns könnte jemals wissen, wie viele Orangen in einem Samen stecken?
- Achte und ehre dich. Dann schaffst du Wunder für dich selbst und erkennst, dass du wunderbar bist.
- Überprüfe, was du für unmöglich hältst – und ändere dann deine Gedanken, denn nichts ist unmöglich!
- Liste all die Dinge auf, an die du als Kind fest glaubtest und von denen du später hörtest, sie seien unmöglich.
- Du siehst immer, was du glaubst, und glaubst nicht, was du siehst.
- Absicht ist nichts, was du finden kannst. Du bist sie.
- Sag Ja zu grenzenlosen Möglichkeiten in deinen Beziehungen. Deine Seele und ihre Absicht kennen keine Grenzen.

- Agiere so, als wäre das Leben, das du ersehnst, bereits da.
- Gönn dir selbst den Luxus, um die Göttlichkeit deiner Seele zu wissen.
- Wenn du meinst, deine Familie oder dein Chef seien heute verantwortlich für deine schlechte Laune, bist du in eine Falle getappt. Komm raus.
- Menschen gehen mit dir so um, wie du mit dir selbst umgehst.
- Sei einfach nur offen für alles.
- Es kostet keinen einzigen Tropfen Schweiß, einfach mal nichts zu tun.
- Gegen etwas zu sein schwächt dich. Für etwas zu sein stärkt dich.
- Allein zu arbeiten heißt zu addieren – im Team zu erschaffen bedeutet zu multiplizieren!
- Wähl dir eine deiner Grenzen aus und sieh dich geistig diese Grenze täglich mehrmals überschreiten.
- Kein Konflikt kann ohne deine Teilnahme überleben.
- Wenn du ein Problem hast, stell dich ihm, werde still und nutze es, um zu lernen.
- Inneres Wissen um deine einzigartigen Fähigkeiten ist der Stoff, aus dem die Wunder sind.
- Wenn du andere beurteilst, beurteilst du in Wahrheit dich.
- Das Leben ist eine innere Haltung – es ist das, was du wählst zu glauben.
- Du bist vollkommen. Du bist eins. Du hast alles in jedem Moment deines Lebens.
- Lass dich von deinem Verstand nicht narren.
- Niemand weiß genug, um ein Pessimist sein zu können.
- Du darfst dir erlauben, perfekt zu sein.
- Glücklichsein ist einfach. Aber zu lernen, nicht unglücklich zu sein, kann schwierig sein.

- Wie alt wärest du, wenn du nicht wüsstest, wie alt du bist?
- Sag dir: Ich danke allen Menschen, die mir nicht geholfen haben. Ihretwegen habe ich verstanden, dass ich es allein tun kann.
- Erinnere dich, sei immer liebevoll zu dir – egal, was deinen Weg kreuzt.
- Unser Leben ist das, was unsere Gedanken daraus machen.
- Gestern ist ebenso vorbei wie die Zeitung von gestern.
- Wenn du dich das nächste Mal fragst, was die anderen wohl über dich denken mögen, schau ihnen in die Augen und sag zu dir: »Was du über mich denkst, ist nicht mein Problem.«
- Sei immer das, was du gerne sein willst, und niemals das, was andere von dir erwarten.
- In jeder Beziehung, in der zwei Menschen eins werden, findest du am Ende nur noch zwei halbe Menschen.
- Wenn du dich ändern willst, schau dir genau an, was du hasst und wovor du Angst hast. Genau in diese Richtung führt dein Weg.
- Du machst niemals Fehler – du erschaffst nur Resultate. Das ist alles.
- Es ist niemals zu spät, eine glückliche Kindheit zu erleben.
- Wie du das Altern stoppst? Du kannst dieser alten Person den Zutritt zu deinem Körper absolut verweigern!
- Deine Freude an einer Sache entsteht, weil du wählst, sie mit freudigen Augen zu betrachten.
- Sag nicht solche Sätze wie »Das sollte wirklich anders sein!«. Es ist so.
- Hör auf deinen Körper, er sagt dir, was du wissen sollst.
- Das einzig reale Leben spricht zu dir durch die Stille.
- Du bist einzigartig auf der Welt.

- Schließ Frieden mit deinem Gewissen und vergib dir.
- Lass die Logik hinter dir.
- Wunder geschehen plötzlich. Sei offen für sie.
- Du bist für alles in deinem Leben voll verantwortlich.
- Du bist kein Mensch, der eine göttliche Erfahrung sucht, sondern deine höhere Natur sucht nach der menschlichen Erfahrung.
- Niemand kann dich in irgendeiner Weise verletzen – wenn du es nicht erlaubst.
- Miss dich an dem, was du ausstrahlst, und nicht an dem, was du ansammelst.
- Liebevolle Gedanken sind nichts als eine Angewohnheit.

Deine Lebensenergie – die Kraft, die aus der Schöpfung kommt 5

Was kann sie für dich tun?

In den vorangegangenen Botschaften klang schon einmal an, dass deine Seele eine Gedankenform des Unaussprechlichen ist und dass eure Physiker sagen, die Seele sei ein Feld. Ja, dieses Feld sendet Impulse aus. Wir wissen, die Seele hat Sehnsucht. Sie will etwas Bestimmtes erfahren. Ob wir es nun Sehnsucht oder Impuls nennen – das macht keinen Unterschied. Eines ist wichtig zu verstehen: Wir benötigen Energie, um den Impuls der Seele umzusetzen, damit sich ihre Sehnsucht erfüllen kann. Energie arbeitet – baut dich auf oder ab. Energie wird immer und bei jeder Schöpfung »tätig«, sie ist in ihrer Natur reine, schöpferische Kraft.

In eurer Bibel steht: »... und *Er* hauchte ihm seinen Atem ein.« Ja, die Seele benötigt Energie, die Kraft, die erschaffen kann, um ihre Sehnsucht zu vollenden. Deshalb bringst du Lebensenergie mit in die Materie und bist über dein Einatmen einerseits ständig mit neuer Kraft verbunden, andererseits in ständiger Verbindung zu deinem Ursprung. Lebensenergie ist also im Überfluss für die Erfüllung deiner Sehnsucht vorhanden, wäre dir klar bewusst, was sie für dich tun soll und wie du sie lenken und zu deinem Nutzen einsetzen kannst.

Dem Plan folgend, vergisst du als Mensch vorerst, was deine Seele weiß, denn ohne Erinnerung an dein Wahres Sein erfährst du, wer du *nicht* bist. In dieser Phase lebst du unbewusst. Mit Erinnerung erkennst du, dass du in Wahrheit reines Bewusstsein bist, aus dem heraus du alles erschaffen kannst. Du wirst dich nach und nach erinnern, je bewusster dir dein wahres Selbst wird, desto mehr Bewusstheit gewinnst du für dich zurück, erfährst Erweiterung um Erweiterung, erkennst den Lichtmenschen in seinem vollen Glanz. Deine Lebensenergie verhilft dir zu jeder Erfahrung – was immer du wählst. Sie ist neutral – du lenkst und polst sie mit deinen Gedanken, wählst Auf- oder Abbau.

In welcher Lebenssituation du dich auch immer wieder findest, sieh stets genau hin. Urteile nicht und interpretiere die Urteile, die dich betreffen, nicht länger als Strafe oder Missgeschick, als Beleidigung oder Gemeinheit. Mit diesem Gedanken blockierst du deine Energie. Keine Verletzung eines anderen Menschen wird deine Lebensenergie erreichen, wenn du es selbst nicht annimmst. Die

Du kannst aus der Hölle des Nichtwissens augenblicklich emporsteigen, sobald du dich entscheidest, dich erinnern zu wollen.

Wahrheit ist: Du bist in ebenjener Situation, weil »etwas« in dir ebendiese Situation lösen möchte. So betrachtet, erlebst du keine Attacken und Unverschämtheiten, sondern nur Herausforderungen. Nimmst du sie an, wächst du. Verneinst du sie, bist du beleidigt und betroffen, werden weitere Attacken folgen. Mach dir bewusst, dass du mit einem einzigen, kraftvollen Gedanken dich selbst und deine Umgebung verändern kannst: Wenn Frieden in dir herrscht, strahlst du ihn aus und Frieden wird die Antwort sein. Wenn du im Bewusstsein des Lichtmenschen agierst, strahlst du Licht aus. Alle, die es für sich selbst ebenfalls ersehnen, fühlen es, erfreuen sich daran. Bewusst oder unbewusst.

Es ist doch sehr einfach: Wenn du in deinem Auto sitzt, dann lenkst du es selbstverständlich pausenlos, um schnell und unbeschadet an dein Ziel zu gelangen. Du kämest niemals auf den Gedanken, das Auto einfach losfahren zu lassen, am Baum zu landen, um dann darüber zu lamentieren, dass der blöde Baum im Weg stand. Das Gleiche gilt für dich. Du hast dir unser Wissen holen wollen, deshalb liest du diese Worte. Die Zeit des führerlosen Autos ist vorüber. Nimm das Steuer in die Hand und fahr nach Haus. In die Liebe, den Frieden, vor allem in die unbegrenzte Kraft: zu dir. Beginne dich selbst zu lieben für das, was *du bist* – und zwar so lange verstärkt durch deine Aufmerksamkeit, bis du dein lichtes Wesen im vollen Glanz gesehen hast.

Bau dich auf und verbanne die Negativität aus deinem System, denn was immer du verneinst, kontrolliert dich. Es kostet dich unendlich viel Energie, fortlaufend zu verneinen. Willst du Energie gewinnen, bejahst du schlicht **Erlaube deiner Energie, mit der Sonne zu reisen.** und einfach, was *ist*. Vergiss, was manch andere über dich sagten. Sie leben ebenso im Dunkel wie du. Was wissen sie über das Licht? Richte deine Energie auf deine Seele und bring dich selbst in den Zustand, in dem sich jeder Sonnenstrahl natürlicherweise befindet: Er hat keine Zweifel, woher er kommt und wohin er gehört. Taste dich vor zu deiner Einzigartigkeit und erschaffe dein Leben neu!

Energie steht dir im Überfluss zur Verfügung – mit jedem einzelnen Atemzug kannst du dich immer wieder in energetische Hochform bringen, vorausgesetzt, du willst es.

Sag mir, was du willst! Was willst du in diesem Leben erreichen? Was willst du mit deinem Leben anfangen? Welche Meilensteine willst du entlang deines Weges aufstellen? Was willst du unbedingt erreicht haben, bevor du diesen Körper wieder verlässt? Was willst du um jeden Preis bis zur

Neige gekostet haben? Was willst du dir auf keinen Fall entgehen lassen? Was würdest du leidenschaftlich gerne tun? Was willst du? Richte deine Anwort wie einen Laserstrahl auf dein nächstes Ziel und erlaube deiner Energie, dich dorthin zu tragen. Vergiss die Anstrengung. Folge deiner Seele. Alles, was leicht geschieht, wird von der Seele getragen. Sei nicht verzagt, wenn du diese recht schweren Fragen nicht spontan beantworten kannst, lass dir Zeit. Lass diese Fragen in deinem Herzen ruhen und gehe mit ihnen in die nächsten Wochen. Wenn dir die Antwort nicht gleich einfällt, kannst du sicher sein, dass sie dich in dem Moment erreicht, in dem du dich innerlich entscheidest, sie wirklich wissen zu wollen. Zwing dich also nicht – aber will es! Wenn *du* nichts für dich tust, wer soll es sonst tun?

Du selbst bist dein kostbarster Besitz.

Dich begleitet ein sicherer Indikator für den *richtigen* Weg, der mit deiner Seele deckungsgleich verläuft: das *gute* Gefühl. Deine Spontangefühle sind die Sprache deiner Seele. Das gute Gefühl nach einer Entscheidung ist die Antwort aus deinem lichten Raum:»Genau, da geht's lang!« Mit dem guten Gefühl steigt deine Energie sofort an, du hast dich selbst aufgebaut. Dabei ist es nicht wichtig zu wissen, wohin dich dieser Weg führt, dein gutes Gefühl trägt dich in den nächsten und übernächsten Schritt – du entwickelst Vertrauen in dein Gefühl und in dich. Gottvertrauen entsteht.

Immer wenn du dich unwohl fühlst, wähle neu, denn solange du dich unwohl fühlst, blockiert deine Energie, die Entscheidung läuft deiner Seele gegen den Strich und du verlierst Energie. Schau nach, was du gerade gedacht, gesagt oder getan hast, warum du zögerst oder zweifelst. Prüfe, ob du die getroffene Entscheidung so beibehalten willst, denn die Seele sagt:»Willst du das wirklich? Es wäre nicht *mein*

Weg!« Wähle behutsam, was du wirklich willst. Nimm dir Zeit für dich, denn in Wahrheit hast du nur dich selbst. Du bist dein gesamter Besitz. Und das auf ewig. Bist du mit dir, fühlst du dich stets getragen und niemals allein! Setze fortan alles in die Tat um, was dir gut tut – es vermehrt deine Energie und macht dich glücklich. Lass deinen Körper mal wieder gehen, er wird viel zu viel kontrolliert. Tobe dich mal wieder aus, tanze, als ob dir niemand zuschaut, sei albern und vergnügt. Gönn dir, was dein Körper verlangt, verwöhne dich. Unbekümmert zu leben meint nicht oberflächlich, sondern ohne Kummer. In Übereinstimmung mit deiner Seele lebst du jenseits des Kopf-Programms und hast deinen Verstand zum gescheiten Diener ernannt. Warum solltest du nicht glücklich sein? Kennst du einen einzigen vernünftigen Grund? Wenn du glücklich bist, kannst du nicht negativ denken. Es geht einfach nicht. Dein Verstand macht nicht mit, weil er es nicht schafft. Denn dein Körper schüttet Endorphine aus, reine *Glücklichmacher*. Jetzt hast du sie selbst erschaffen, weil du es so entschieden hast. Du bist frei.

Wir, die wir schon ewig in der alten Tradition leben, sind niemals weniger als glücklich. Wir sind in Liebe mit uns selbst verbunden, leben dankbar und voller Freude im Bewusstsein des Lichtmenschen und gestatten unserem rationalen Verstand nicht, auch nur einen einzigen negativen Gedanken zu denken. Warum sollten wir auch? Wir sehen doch, wie Menschen mit negativen Gedanken sich fühlen. Warum sollten wir das Schmerzhafte wählen, wenn wir die Liebe, die Freude und das Glück leben können? Wir sind *Sein* Ebenbild auf Erden, genau wie du. Wir wählen – du auch. Wir sind glücklich, was bist du?

Es gibt immer einen Grund, um glücklich zu sein.

Stell dir für einen Moment vor, du bist kurz davor, weiterzugehen, das ist das, was ihr »sterben« nennt. Du blickst zurück auf dein Leben, siehst es linear vor dir liegen. Was willst du sagen können, wenn du zurückblickst? Willst du auf viele verpasste Gelegenheiten blicken? Auf ungenutzte Chancen? Willst du erkennen, was du zwar gerne gewollt hättest, dich aber nicht getraut hast? Willst du sehen, dass du im Grunde an dir selbst vorbeigelebt hast? Dass du dich geopfert hast? Dass du zwar für vieles andere, aber dich nicht für dich eingesetzt hast, dich nicht ernsthaft um dich bemüht hast? Dass der Lichtmensch unerkannt blieb? Daran ist nichts Falsches, auch nichts Schlimmes. Es ist einfach eine Erfahrung. Welche Erfahrung wählst du?

Vielleicht willst du mit uns sagen können, was wir erkennen, wenn wir zurückblicken: »Dies alles ist meine Schöpfung und ich habe Freude an ihr!« Um das sagen zu können, brauchst du ein klares Bewusstsein, das zunehmend klarer wählt und die vielen Spielchen, die du als Mensch gespielt hast, durchschaut und beendet. Gedanken über dein Ende und Angst vor Schmerzen und Krankheit sind unnütz. Finde deinen Anfang, dann kennst du das Ende.

Wenn du nun dein Leben verändern willst, dann stell dich deiner Wahrheit. Leiste keinen Widerstand und verneine nichts, weil sich sonst nichts verändern kann. Die Verneinung bewirkt die Wiederbelebung des Ungeliebten, ein altes Muster, das du nun hinter dir lassen kannst.

Trainiere täglich deine Gedanken und übe Geduld mit dir selbst. Geduld ist eine Eigenschaft, die unbedingt als Erstes gelernt werden sollte. Geduld ist ein wesentlicher Aspekt der Liebe. Deine Seele *ist* Liebe und Vertrauen, sie wohnt in *Ihm*, ist eins mit *Ihr*. Hätte dein Verstand nie gelernt, dass es Grenzen gibt, hättest du auch nie gelernt, Angst zu haben, und du würdest natürlich alles für möglich halten, keine Angst haben und im Vertrauen daheim sein.

Setze dich bequem hin und schließe die Augen. Atme langsam und tief ein und aus. Alles, was deinen Kopf noch beunruhigt, lässt du über das Ausatmen einfach los. Atme aus, was dich stört, atme aus, was dich belastet. Mit jedem Einatmen nimmst du frische Energie in dich auf, die dir stets hilfreiche Unterstützung bieten wird. Jedes Ausatmen ein Loslassen, jedes Einatmen ein Kräftetanken. Fahre so fort, bis du dich ruhig und gelassen fühlst.

Vor deinem geistigen Auge erscheint nun eine wunderschöne Brücke, die aus reinem Licht gebaut ist. Sie beginnt direkt vor dir und lädt dich ein, sie zu überschreiten. Du kannst nicht sehen, wohin sie führt, aber du fühlst dich angezogen. Also betrittst du die Lichtbrücke und folgst ihr. Du wirst dich dort wiederfinden, wohin deine Seele will. Schau dir dort alles gut an, fühle, wie es dir in diesem Reich geht, und entscheide, wie du in Zukunft entscheiden willst. Bring die Bilder und Gefühle dieser inneren Reise mit zurück und behüte sie in deinem Herzen, lass sie einfließen in deinen Alltag und in deine Gedanken.

Wenn du zum Reich des Lichts gehören willst, gehörst du dazu. Es bedarf keiner Prüfungen, es gibt keine Auslese!

Das oberste Gesetz

Unsere Tradition kennt nur ein einziges Gesetz, an das sich alle halten und das keine Ausnahmen kennt:

Immer helfen, niemals verletzen.

Als Gedankenform des Unaussprechlichen bist du höchsten Ursprungs. Wie du weißt, wird *Er* auf dieser Erde erfahrbar, wenn wir uns für den Ausdruck der Liebe entscheiden und durch unsere bewusste Wahl die vermeintliche Trennung überwinden, Bewusstsein und Lichtmensch wiedervereinen. So bejahen wir, wer wir sind, erfahren die Fülle des eigenen, ewigen Seins und helfen der Kraft des Lichts, dort zu wirken, wo sie willkommen ist.

Noch benötigt *Sie* unsere »Hilfe«, denn es ist immer noch dunkel auf der Erde. Die Ehre, *Sein* Werkzeug zu sein, nehmen wir mit Freuden an, *Er* ist unser »Arbeitgeber«. Wir unterstützen alle, die sich an ihr eigenes Licht erinnern wollen, indem wir bedingungslos lieben. Wir sind die Hüter der Erde und des Lichts: Co-Schöpfer. Wir finden darin den höchsten Sinn unseres Daseins. Du kannst das Gleiche wählen!

Zu helfen bedeutet für uns keinesfalls, jemandem unter die Arme zu greifen, weil wir wahrnehmen, dass er schwach und hilfsbedürftig ist. Derlei Wertungen sind für uns undenkbar. Wie kann eine Gedankenform des Unaussprechlichen schwach sein? Wie der Lichtmensch hilfsbedürftig? Der Mensch mag sich so fühlen – aber er *ist* es doch nie. Er hat es so gewählt. Wir sehen einen jeden stets in seiner vollen Herrlichkeit und leiten diese, unsere Wahrnehmung in sein Herz. Weil wir mitfühlen, erfassen wir des Mitmenschen eigentliche Sehnsucht, bedingungslos angenommen zu werden, und antworten darauf. So heilt der

Schmerz, ohne ihn im mindesten zu berühren. Wille und Überzeugung wirken wie Zündkerzen, die die innewohnende Seelenkraft zünden, wenn der Mensch empfänglich ist. Zu heilen bedeutet immer nur zu lieben – ganz gleich, unter welchen Voraussetzungen. Mitleid oder sogar Selbstmitleid ist einer Seele unwürdig. Das mag hart klingen, aber ich frage dich: Wie kannst du dir Leid tun, als einzigartiger Aspekt des Unaussprechlichen? Kannst du dir etwas Erhabeneres vorstellen? Könnte es etwas Vollkommeneres geben?

Würde unsere Hilfe aus Mitleid bestehen, würden wir den Menschen nicht nur schwächen, sondern auch noch von uns abhängig machen und ihn somit doppelt schwächen. Wie könnten wir so handeln? Zu helfen heißt aber nicht für uns, zu tun, was der andere *haben* will und von uns erwartet, sondern zu geben, was er braucht. So helfen wir auch, wenn wir gar nicht sichtbar werden. Wir wollen frei handeln und zur Verfügung stellen, was gerade vom anderen benötigt wird. Was immer das sein mag. Ohne Urteil oder Wertung. Denn die Kraft der Seele will befreit sein und ihre Liebe und Schönheit will sich ergießen, um erst dich zu heilen und dann die Welt. So kann die Erde in ein neues Bewusstsein eintauchen, was seit langer Zeit ihre Absicht ist. Dann ist die Veränderung geschehen, die in dieser Zeit vorbereitet wird.

Die Seele braucht kein (Selbst-)Mitleid!

Du bist auf immer und ewig der einzigartige Aspekt des Unaussprechlichen. Ihr beweist diese Tatsache über den Fingerabdruck, mit dessen Hilfe ihr einen Menschen einwandfrei identifizieren könnt. Die Seele trägt ebenfalls ein solches Merkmal, nur ist es für die meisten Menschen nicht erkennbar, deshalb glauben sie, es existiere nicht. Aber es existiert. Es ist in deine Aura, deine »Ausstrahlung« eingewebt. Wenn du nun deine Energie lenkst, was stets über

Gedanken und Gefühle geschieht, prägst du dieser an sich neutralen Energie dein lichtes Siegel ein. Sie folgt der Richtung, die du ihr aufgetragen hast, und kehrt zu dir zurück. Alles, was du aussendest, wirklich *alles*, fließt zu dir zurück. Auf Verletzung erfolgt verstärkte Verletzung, solange du aus deinem Verstand reagierst. Aus vielen Verletzungen erwachsen tiefe Wunden, die so unbeschreiblich schmerzen, dass ein Ventil erschaffen wird und heftige Streitereien oder Kriege die konsequente Folge sind. Wir urteilen darüber nicht. Aber wir treffen eine bewusst andere Wahl: Um das Gleichgewicht wiederherzustellen, wollen wir der Liebe zu sichtbarem Leben verhelfen.

Aus. diesem Wissen entstand unsere oberste Weisheit. Wir wissen um die Verletzungen dieser Welt und wir wissen auch um die Möglichkeiten der Heilung. Da es nur die Liebe gibt, kann auch nur die Liebe heilen. Liebe heißt verstehen, akzeptieren, was ist, nicht urteilen und werten. Jedes Urteil ist ein Ausdruck der Angst, des Nichtverstehens. Durch ein Urteil entstehen Trennung und Schmerz, mit Verständnis und Liebe die Rückverbindung zum Göttlichen in jedem Menschen. So kann jeder beginnen, sich selbst zu erkennen, und erahnen, dass er selbst bereits alles weiß. Dann ist die Qual vorbei. Die Suche hat ein Ende. Die Liebe, die du suchst, lebt in dir bereits in voller Pracht. Du hattest es lediglich vergessen. In dieser Erkenntnis liegt die dauerhafte, endgültige Heilung.

Die sieben Energie-Gesetze

In unseren Energie-Gesetzen findest du die Antwort auf ein tiefes Geheimnis: In dem Augenblick, in dem du deine Energie bewusst lenkst und in voller Absicht liebevoll und respektvoll einsetzt, polt sie sich von negativ auf positiv und verändert dein spontanes Lebensgefühl. Die Freude ist entdeckt und sie wird dich weitertragen, von einem Moment in den nächsten. Du erahnst, dass alles miteinander verwoben ist, umhüllt und durchdrungen vom Stoff allen Lebens, von *Ihm* und *Ihr*. Trennung, Angst und Schmerz existieren nicht wirklich – es war nur für eine Weile deine Wahl. Wenn du das in deinem Herzen verstehst, erfühlst du den Unaussprechlichen.

1. Die Welt ist, wofür du sie hältst

Alles hängt davon ab, was du willst. Wenn du erfahren willst, dass die Welt schlecht ist, dann ist das deine Entscheidung, auch wenn du dir dessen nicht bewusst bist. Da du ein Schöpfer bist, wirst du nun auch mit Sicherheit die schlechte Welt erfahren. Dein Kopf wird zustimmend nicken und dir sagen: »Siehst du, ich hab's ja gewusst!« Das ist aber nicht die ganze Wahrheit. »Siehst du, ich hab's so gewollt« wäre richtig. Du kannst die Welt so lange als schlecht erfahren, wie du willst. Und du kannst damit aufhören, wann du willst. Du bist frei. Du kannst das Gegenteil wählen und wirst das Gegenteil erfahren.

Das Gleiche gilt für dich. Du kannst aufhören, dich für minderwertig oder ungenügend zu halten, wenn du willst. Dann wirst du auch das ersehnte Gegenteil erfahren können.

2. Es gibt keine Grenzen

Natürlich gibt es sie nicht. Deine Seele ist grenzenlos, das Universum ist grenzenlos, der Unaussprechliche ist grenzenlos. Nur dein rationaler Verstand lernte, es gebe Grenzen. Er zählt dir deine Grenzen auf und will dich glauben machen, dass du dies oder das sowieso nicht kannst, dass die anderen besser sind als du, dass du dein Vorhaben auf keinen Fall schaffst usw. – Grenzen über Grenzen. Bei jeder Grenze, die dir dein Verstand aufzeigt, empfindest du Angst, und du bist bereit, zu glauben, was dieser Souffleur dir sagt. Du kannst damit aufhören, wann immer du willst, und die Erfahrung machen, dass nur eines wahr ist: Grenzen sind nicht real, wenn du wählst, ein Lichtmensch zu sein.

3. Energie folgt der Aufmerksamkeit
Darüber haben wir bereits gesprochen. In der Aufmerksamkeit ist der Wille enthalten, denn da, wo du aufmerksam bist, willst du ja mit deinem Bewusstsein anwesend sein. Deine Energie folgt. Du kennst dieses Gesetz aus dem täglichen Leben gut. Du siehst einen Film und bist so hingerissen, dass du für eine gewisse Zeit alles um dich herum vergisst. Oder du bist so verliebt, dass du deine Umgebung völlig ausblendest. Du liest ein Buch und bist gefesselt.

Darum sei dir bewusst: Wohin lenke ich meine Aufmerksamkeit, was will ich? Du wirst es erhalten. Aber beschwer dich nicht, wenn du etwas bekommst, was du angeblich nicht wolltest. Du hast es gewollt – Energie folgt nur der Ausrichtung des Willens, der Absicht. Nimm alles dankbar entgegen, versteh, was du zuvor nicht verstanden hast, und definiere deine Absicht neu. Das ist alles. Kein Grund, dich zu ärgern.

4. Jetzt ist der Augenblick der Macht
Weißt du eigentlich, wie kraftvoll, powerful du bist? Auch wenn du mit einem Körper lebst und gegensätzliche Erfahrungen suchst, bist du doch immer und in jedem Moment

die machtvolle, schöpferische Seele. Du *glaubst* doch nur – weil du es eben erfahren willst –, dass du begrenzt bist und als Mensch klein und hilflos, ohnmächtig und ausgeliefert. Die Wahrheit aber ist: Du bist immer mächtig. Vielleicht hast du gerade etwas Bestimmtes vor, willst beispielsweise ein Buch schreiben. Sofort ist der Verstand zur Stelle: »Jetzt doch noch nicht. Du musst erst noch viel mehr Material sammeln.« Oder: »Später vielleicht, wenn du alles erst mal richtig verstanden hast!« Er findet immer ein scheinbar gutes Argument, um dir abzuraten. Er glaubt nicht an die Kraft deiner Seele. Wie sollte er auch? Er hat ihre Liebe weder je erlebt, noch steht er bis heute mit ihr in Verbindung. Also höre nicht auf ihn. Du bist so mächtig, wie dein Verstand es sich gar nicht vorstellen kann.

Wenn du diesen Gedanken zulässt, fühlst du vielleicht, wie die Angst sich anschleicht: »Ich? Mächtig? Um Gottes willen. Was mach ich denn damit? Hilfe! Damit kann ich ja gar nicht umgehen.« Sagt dein Verstand. Wir sagen: Definiere dein Ziel und überlasse es deiner Seele, den Weg zu finden. Lerne es! Will es! Mit allen Fasern deines Seins! Probier's einfach aus. Lerne dich kennen. Du wirst begeistert sein!

5. Lieben heißt, glücklich sein mit ...

Ein weiteres Mal kannst du etwas über die Natur deines rationalen Verstandes lernen, aber auch über dich, wenn du willst. Warum dein Verstand beschließt, immer »haben« zu wollen, weißt du nun. Aus diesem permanenten »Haben-wollen« resultiert aber nun ein weiteres Muster, das du sicher sehr gut kennst: Wenn du dem Kopf zuhörst, siehst du plötzlich nur noch das, was du *nicht* hast. Der Nachbar hat ein neues Auto. Die Kollegin hat die bessere Stellung. Der Kollege war auf Weltreise. Deine Freundin hat einen tollen, liebevollen Mann. Deine Schwester hat Kinder, dein

Bruder den beneidenswerten Job usw. usw. Du fällst in einen chronischen Zustand des Mangels und wirst ein wirklich unzufriedener Mensch. Auch wenn du versuchst, all das zu beschaffen ..., was du in Wahrheit suchst, wirst du so nicht finden.

Die Liebe zu leben bedeutet, den Fokus auf das zu richten, was du bereits *hast*! Und das ist vermutlich eine stattliche Menge. Lieben heißt vor allem, deine Aufmerksamkeit auf das zu richten, was du bereits *bist*! Dann erkennst du, dass du aufhören kannst, dich zu plagen, um wie ein Eichhörnchen Besitztümer zu sammeln, denn du bist bereits das lichte Wesen. Statt dich zu jagen und zu stressen, kannst du wählen. Du *bist* die Seele, und alles, was du dir nur wünschen könntest, liegt bereit! Du verfügst über alle Möglichkeiten! ALLE!!! Wenn du entscheidest: »Ja, ich will!«, verändert sich dein Leben. Probier es aus.

6. Alle Macht kommt von innen

Natürlich kommt sie von innen – aus dem immateriellen, feinstofflichen Raum, aus deiner Seele, in dem dein Körper wohnt. Lass die Illusion deines rationalen Verstandes davonziehen, du seiest macht- und kraftlos. Lass sie von dir abfallen – die Erfahrungen von Hilflosigkeit und Ohnmacht, Unterlegener oder Verlierer zu sein, ein Nichtskönner oder Nichtsblicker, nicht schön, nicht schlank, nicht klug genug! Bewahre die Erinnerung als eine zwar notwendige, aber keinesfalls dauerhafte Erfahrung, und atme auf. Die Zeit der Schwäche ist vorbei, sie liegt hinter dir. Du bist durch ein dunkles Tal gewandert und triffst jetzt die Entscheidung, auf den Höhen weiterzugehen, um zu erfahren, dass du die Liebe erschaffen, dich neu erkennen kannst und dir selbst und deiner Energie fortan in Vollmacht gebietest.

7. Wirksamkeit ist das Maß der Wahrheit

»Schau, fühle es in deinem Herzen: Du bist eine Seele. Du bist ein Schöpfer. Du kannst erschaffen, was du willst. Du hast Energie im Überfluss zur Verfügung. Das Universum ist grenzenlos und deine Möglichkeiten des Kreierens sind es ebenso. Alles liegt für dich bereit. *Alles* ist möglich. Was du nun wählst, zeigt dir den Grad deiner Bewusstheit als Lichtmensch.«

Dieses Gesetz stellt dir die Möglichkeit bereit, dir selbst während deines Wachstums zuzusehen. Schau dein Leben an. Was hast du bereits? Was gefällt dir? Worauf bist du stolz? Was erfreut dich? Das sind die Dinge, die dir zeigen, was du bereits aus den grenzenlosen Möglichkeiten für dein Leben gewählt hast, und die dir klipp und klar beweisen, dass du immer ein Schöpfer bist. Schau dir an, was überflüssig geworden ist, was du nicht mehr brauchst, was dich eher behindert, was du eigentlich schon lange hinter dir lassen wolltest. Sieh es dir genau an und tu nun den nächsten Schritt.

Nimm dir Zeit, erstelle eine Liste und frage dich, was du als Lichtmensch in dein Leben einladen willst. Was willst du Neues erfahren? Was würde deine Seele erfreuen? Wovon hast du schon immer geträumt? Sei ernsthaft bemüht, deine Gedanken, deine Worte und Taten mit der Schwingung deiner Seele anzufüllen. Gib dir selbst die Erlaubnis, ein Lichtmensch zu sein, und behalte die Vision in deinem Herzen. Glaube daran, unbeirrbar, verbiete dir jeden Zweifel.

Du kannst alles erreichen, was du willst, aber verletze dabei niemals den Raum eines anderen Menschen. Sieh die Schönheit im anderen, dann erkennst du deine eigene.

Wie du deine Energie vermehrst ...

Allein mit der Entscheidung, dein Bewusstsein zu erheben, setzt du Energie frei. Sieh den machtvollen Kreislauf, den du über dein Denken in Gang setzen kannst. Sei dir bewusst, dass dein Gedanke ein Impuls ist, der sofort Energie »zum Arbeiten« bringt. Wir zeigen dir, wie's geht: Nimm an, du denkst, dass du den gesuchten Kahuna findest, und vertraust dem Gedanken. Deine Lebensenergie beginnt, in der Materie die Entsprechung deines Impulses zu erschaffen (immer abhängig von der Intensität deines Gedankens), wobei die Wiederholung hilfreich ist. So erschaffst du das Treffen. Wir haben uns von deiner Intensität anziehen lassen, nahmen den tiefen Herzenswunsch wahr, den du über deine intensiven Gedanken ausgesendet hast.

Nun haben wir uns getroffen, aber deine Energie erschafft weiter. Durch unsere Präsenz erinnerst du dich an dein inneres Wissen und dein erinnertes Wissen verändert dich. Aus dieser Veränderung heraus wirst du dich nicht nur neu fühlen, befreiter und leichter, sondern dich auch anders verhalten und ausdrücken, weil du in deinem Herzen »verstanden« hast. Da du nun aber Neues ausdrückst, erfährst du auch wieder Neues, denn alles, was du aussendest, kommt ja zu dir zurück. Jetzt erst schließt sich der Kreislauf: Du kannst nie mehr der/die Gleiche sein, du *bist* anders. Nicht äußerlich, aber innerlich. Der Lichtmensch tritt in Erscheinung. Da du nun anders bist, wirst du auch anders denken – und immer Neues erschaffen. Erst veränderst du dich – und dann verändert sich dein Leben.

Es gibt drei aufeinander aufbauende Ebenen der Schöpfung: 1. der Gedanke – 2. das Wort – 3. die Tat. Wenn du neu denkst, wirst du auch verändert sprechen, selbstverständlich auch anders handeln. Und deine Ergebnisse werden ebenso neu sein.

Sehr schnell hast du bemerkt, dass deine neuen Gedanken, die kraftvolle Worte hervorbringen und entsprechende Handlungen auslösen, deine Lebensenergie sprunghaft ansteigen lassen. Du fühlst dich beflügelt, zu allem fähig, und sorgenvolle Gedanken berühren dich nicht. Wenn du in dich hineinfühlst, dann weißt du, dass dein Lebensgefühl zu allem bereit ist. Deine Ausstrahlung spricht von Freude und natürlichem Selbstvertrauen. Blickst **Mach dir klar, was du willst – und du wirst es bekommen.** du in die Zukunft, hältst du das Erreichen deiner Ziele nicht länger für »hoffentlich möglich«, sondern du fühlst, dass deine Freude und dein Selbstvertrauen dich sicher in das Ziel deiner Seele tragen werden. Persönliche Ziele sind unwichtiger geworden, sie füllen dich nicht länger total aus. Du hast die Ebene der Liebe zu dir selbst erreicht und befreist dich allmählich aus der Abhängigkeit zu deinem rationalen Verstand, spürst intuitiv, dass deine guten Gefühle die ausschlaggebende, tragende Energie darstellen, der du fortan folgen willst.

Was sind Gefühle? Sie sind nichts weiter als reine Energie in Bewegung. Die englische Sprache sagt es noch sehr präzise: »e-motion«, ursprünglich »in-motion«. Du hast dir bewusst kraftvolle, aufbauende Gefühle kreiert und sofort fühlst du, wie sehr sie dich nähren und weitertragen. Warum? Sie sind Ausdruck deiner Seele. Jetzt bist du im Einklang. Du hast deiner Seele endlich erlaubt, dich zu führen, fließt nun mit und erfährst dich zunehmend mehr als grenzenloses Wesen. Zuvor warst du im Widerstand, in Schmerz und Energielosigkeit, weil dein rationaler Verstand die Führung innehatte. Jetzt denkst du mit dem Herzen und nimmst den Kopf bei Bedarf zu Hilfe, wie es der Plan ist. So einfach kann das Leben sein.

Aufgefüllt mit Energie, wird es dir leicht fallen, deine Gedanken zu beobachten und nur das zu denken, was dich bereichert. Dabei mag dir vielleicht die Gegenüberstellung in der Auflistung auf Seite 92 behilflich sein. Wenn du dich zum Beispiel bei dem alten Gedanken ertappst »Ich kann das nicht!«, dann denk sofort »Ich will es aber und ich kann es auch«. Du wirst den Anstieg der Energie in dir augenblicklich bemerken und wirklich stolz auf dich sein. Für eine Weile wirst du bald Mensch, bald Lichtmensch sein. Das macht nichts. Halte den Gedanken »Ich will mich als Licht erfahren« und entscheide dich immer wieder dafür, was auch geschehen mag. Dann wird dich die Kraft deiner Seele über alle Klippen des Menschseins tragen. Du musst es wollen. Mit all deiner Kraft.

Bald schon kannst du mühelos denken, was der Natur deiner Seele entspricht. Erneut gewinnst du Energie. Dein Energieniveau steigt auf diese Weise ständig an und es wird dir immer leichter fallen, »natürlich« zu denken, dir voll bewusst die göttlichen Eigenschaften deiner Seele zuzugestehen und dich gedanklich immer weiter von der Illusion zu entfernen, du seist *nur* ein Mensch. Dein bisheriges *Ich* erkennt das ewige, einzig wahre *Mich*. Die schmerzhafte Trennung verwandelt sich zusehends in Einklang.

Du wirst dich verlieben in dein neues Selbst, mehr noch, du wirst deine Seele lieben und sehr achtsam sein mit dem, was du denkst, weil du den Schmerz trennender Gedanken sofort fühlst. Respekt, Geduld und Akzeptanz werden deine Begleiter sein und dich hinführen zum Augenblick, in dem du dich vollkommen erinnerst und mit deiner Seele verschmilzt. Dein Strahlen, deine Liebe, deine Glückseligkeit erscheinen vollkommen auf der Erde, im Universum.

Die Sehnsucht ist erfüllt. Du bist nun unbeschreibliche Fülle, Überfluss, Liebe und Frieden. Eine Welle des Erinnerns breitet sich über dem Planeten aus, indem du nur bist, der/

die du bist. Du zweifelst? Was ich kann, kannst du auch. Du siehst, dass es möglich ist. Die einzig offene Frage ist: Was willst du?

... oder weniger werden lässt

Ist es nicht eigenartig, dass ihr immer noch glaubt, »nur« ein Mensch zu sein? Wie könnt ihr das glauben, ihr lebt doch in der Welt der Gegensätze! Alles findet seine gegenteilige Entsprechung, ohne Ausnahme. Und dennoch stellst du dir nie die Frage: »Hab ich denn keinen Gegensatz? Wo ist der Gegensatz in mir? Es *muss* den anderen Teil geben, es kann gar nicht anders sein!« Warum suchst du ihn nicht? Etwa weil dein Verstand glaubt, der normale Mensch sei bereits die Krone der Schöpfung?

Vermutlich stellst du dir diese Frage nicht, weil du mit deinem Leben vollauf beschäftigt bist. Deine Probleme kosten dich unendlich viel Energie – du hast gar nicht mehr genug frei verfügbare Kraft, um solch scheinbar unnütze Fragen zu stellen. Sie interessieren dich einfach nicht. Bist du doch hinreichend damit ausgelastet, deinen Alltag zu bewältigen, dein Leben irgendwie, mehr oder weniger mühsam in den Griff zu bekommen. Denn du lebst nicht im Überfluss an Energie, sondern schlitterst eher auf Sparflamme tagein, tagaus dahin. Du hast gelernt zu glauben: »Wenn ich nicht alles gebe, was ich habe, bin ich nicht wert, zu leben.«

Du teilst deine Lebensenergie in *gute* und *schlechte* Gefühle. Die guten willst du haben, die schlechten nicht. Was glaubst du, warum gibt es all die unterschiedlichen Situationen und Erfahrungen in deinem Leben? Weil du es selbst erschaffen hast. Es war nicht das Schicksal, nicht die unglücklichen Umstände, auch nicht ein strafender Gott. Du selbst bist es! Du ganz allein. Dein Verstand mag das nicht hören, denn er liebt es, die Verantwortung abzuschieben, die *Schuld* für Missgeschicke, Niederlagen und Unliebsames in die Schuhe anderer zu schieben.

Alle Probleme tragen die Marke »Eigenbau«. Schau mal, wie er trickst, dein Kopf: Das Gute im Leben, das schreibst du dir und deinen Fähigkeiten zu, deiner Ausdauer und Intelligenz. Klar doch! Dafür übernimmst du nur allzu gern die Verantwortung und sonnst dich im erfolgreichen Gefühl. Der klägliche Rest, das Negative, Ungeliebte, das waren die anderen, damit hast du nichts zu tun. Glaubst du dir das wirklich?

Du verneinst den *schlechten* Teil deiner Energie, weil du ihn nicht fühlen willst, obwohl er überdeutlich da ist. Deine Kraft blockiert, du hältst sie selbst gefangen, weil du nicht verneinen kannst, was *da* ist. Indem du es dennoch tust, führst du deinen *schlechten* Gefühlen immer mehr Energie zu (siehe 3. Energie-Gesetz auf Seite 80) und erreichst das Gegenteil: Du wirst sie nicht los, diese *miesen* Gefühle, sondern sie vermehren sich. Das gefällt dir aber gar nicht, also verneinst du verstärkt und schon bist du mittendrin im Teufelskreis.

Gleichzeitig wird sich die frei verfügbare Lebensenergie, die du für die Bewältigung des Alltags so dringend brauchen würdest, immer mehr verringern. Du fühlst dich gestresst, ausgebrannt, ziemlich am Ende. Du hast dich selbst in einen akuten Mangelzustand manövriert. Nun wirst du aggressiv, suchst *Schuldige*. In Wahrheit aber bist du wütend auf dich selbst, weil du tief in dir weißt, dass du dich im Kreis drehst, aber den Ausweg nicht kennst. In diesem Zustand kannst du nur noch *Mangel* denken, weil du nichts anderes mehr wahrnimmst als Negatives. Da aber alles, was du aussendest, zu dir zurückkommt, erfährst du weitere Negativität –

genau das, was du eigentlich nicht willst. Wenn du so weitermachst, wird dein Leben tatsächlich ein anstrengendes sein, weit entfernt von Genuss. Früher oder später wirst du erkranken, sei es körperlich, mental oder emotional. Natürlich kann hier kein Arzt dauerhaft heilen, keine Pille und kein Saft grundlegende Veränderung schaffen. Heilung kann nur geschehen, wenn sich dein Bewusstsein verändert, wenn du erkennst, dass du eine Wahl hast. Was denkst du über dich? Sei ehrlich! Was denkst du über die anderen Menschen in deinem Leben? Wie denkst du über das Leben? Über den Unaussprechlichen? Wie steht es um die stillen Vorwürfe und Schuldzuweisungen, um deine Urteile, Vorurteile und Bewertungen? Was ist mit deinem täglichen Ärger? Wie oft suchst du deinen Vorteil, ohne den anderen zu sehen? Wie oft bist du sauer und aggressiv, wütend und ausfallend? Wie steht's um deinen Selbsthass, weil du dich nicht geliebt fühlst? Wie stark sind Eifersucht und Angst, die Menschen, die du liebst, zu verlieren? Empfindest du jeden Menschen, dem du begegnest, als gleichgültig?

Du kannst Schluss machen mit dieser Quälerei! Du kannst sagen:»Das war's! Ich investiere meine Energie nicht länger in meine Person, ihre Schwächen und lebenslange Bedürftigkeit, sondern in *mich*, meine Seele. Die Dunkelheit kenne ich in- und auswändig, ich will nun das Licht erfahren. Ich will meinen Gegensatz kennen lernen. Ich will meine andere Seite erkunden. Was habe ich schon zu verlieren?«

Den Energie-Gesetzen entsprechend bewegt sich nun die Energiespirale aufwärts – in den Überfluss an Energie, in innere Heiterkeit, später Glückseligkeit und Liebe. Das ist der Zustand, in dem du deine Göttlichkeit erkennst.

... und was dich der Energieeinsatz kostet!

Wir zahlen immer einen »Preis«, auch das gehört zur Dualität. Geben und Nehmen sind eins. Aber wir haben die Wahl, welchen Preis wir zahlen wollen.

Erste Möglichkeit
Du siehst dich *nur* als Mensch und glaubst, dein Leben allein und aus persönlicher Kraft zu meistern. Du bestimmst aus dem rationalen Verstand, wo es langgeht, und beschließt: »Ich will es so, wie ich es will, und das sofort!« *Der Preis:* inneres Unzufriedensein, Energielosigkeit, Lieblosigkeit, Begrenzung, Kontrolle und unaufhörlicher Kampf gegen die Umstände, gegen andere Menschen, gegen dich selbst. Der Schmerz, den du dir selbst zufügst, ist enorm. Der einzige Vorteil, den du zu haben glaubst, besteht in der Tatsache, dass du meinst, dein Leben in allen Situationen unter Kontrolle zu haben. Du bist sehr vertraut mit den Bedingungen und Ergebnissen, kennst die Spielregeln und spielst deine Spiele. Mit oder ohne Erfolg.

So paradox es klingen mag, aber dein Verstand leitet daraus eine Idee der Sicherheit ab. Wo er sich auskennt, da fühlt er sich sicher, auch wenn das Ergebnis noch so bescheiden ist und du dich, todmüde vom ewigen Kämpfen, mühsam über die alltäglichen Runden schleppst. Wie du dich dabei innerlich fühlst, spielt für ihn keine Rolle, weil er noch nicht fühlen kann. Du zahlst also einen bestimmten Preis für scheinbare Sicherheit und die Illusion, das Zepter selbst in der Hand zu haben. Ob er zu hoch ist, musst du selbst wissen, denn deine Seele bekommt bei dieser Wahl keine Nahrung. Du allein entscheidest.

Zweite Möglichkeit

Du beginnst es für wahrscheinlich zu halten, dass du vor allem eine Seele bist. Du beobachtest deine Gedanken, Worte und Taten und lenkst deine Energie bewusst auf neue Ziele, wagst den Schritt ins scheinbar Unbekannte. *Der Preis:* Verwirrung, Unsicherheit, denn dein rationaler Verstand hat nun überhaupt keine Ahnung mehr, wohin die Reise geht, weil er jetzt nicht mehr das Wort hat. Die alte Art der gedanklichen Kontrolle greift nicht mehr. Er weiß ja (noch) nichts von deiner Seele! Du jedoch weißt, dass Angst und Zweifel zu fühlen natürlich ist, und lenkst deine Energie bewusst auf die andere, lichtvolle Seite. Dort verweilst du, so gut du kannst.

Du zahlst zusätzlich mit erhöhter Selbstdisziplin, vorübergehenden Selbstzweifeln und dem Gefühl, überhaupt nichts mehr zu wissen. Auch das gehört zum Preis. In deinem Herzen jedoch erinnerst du dich bereits, was du dafür gewinnst: die Vereinigung mit deiner Seele. Es bleibt erneut deine Wahl.

Der Plan ist genial. Er kommt aus der Liebe des Unaussprechlichen. Du selbst hast die Wahl. Er liebt dich so sehr und er vertraut dir so tief, dass du den freien Willen hast zu tun, was du willst.

Wer seinen Hai nicht besiegt, wird von ihm gefressen!

Glaub mir kein Wort, verwirf auch nichts, probier's aus.

Das große MICH – das kleine ICH

Die Person denkt	Die Seele weiß
das kleine ICH	das große ICH
ist unbewusster Schöpfer	ist bewusster Schöpfer
freier (kleiner) Wille	freier (höherer) Wille
hat rationalen Verstand	hat höheren Verstand
hat Angst	hat Vertrauen
fühlt sich begrenzt	ist grenzenlos
will ständig haben	ist ewig im SEIN
nimmt sich wichtig	ist Teil des Ganzen
fühlt sich getrennt	ist verbunden
ist niemals zufrieden	ist dankbar
fühlt sich klein, hilflos	ist einzigartig, kraftvoll
sucht Sicherheit	fühlt Frieden
sucht nach Zielen	ist angekommen
wertet und urteilt	akzeptiert, was ist
will verändern	sieht den Sinn
will Recht haben	kennt die Wahrheit
will kontrollieren	vertraut der Weisheit
ist ernsthaft, angestrengt	ist leicht, spielerisch
vergleicht	ist er/sie selbst
will besser, klüger, reicher sein	ist im Ziel
sucht die Liebe	ist Liebe
hat nie genug Zeit	erlebt die Ewigkeit
ist bequem, störrisch	ist offen für ALLES
wird von Gefühlen gebeutelt	erschafft Gefühle
wird von Gedanken gequält	erschafft Gedanken
ich will es so, wie ich es will	es ist, wie es ist
ich will es *jetzt* haben	ich bin alles
ich sitze in der Tinte	es ist eine gute Erfahrung
mein Leben ist ein Drama	es ist eine göttliche Komödie

Hilfreiche Übungen

Der größte Teil deiner blockierten Energie ist im Unbewussten abgespeichert. Nimm dir einmal die folgenden Fragen vor, lass dir Zeit mit deren Beantwortung und versuche ein paar Tage lang immer wieder neu, ehrliche Antworten zu finden. Schreib sie auf. Wenn du sie ein paar Tage später wieder liest, kannst du besser erkennen, welchen neuen Weg du einschlagen willst.

A Energiebilanz

- *Was bringt mir in meinem täglichen Leben Energie?* Notiere in Stichworten.
- *Was nimmt mir in meinem täglichen Leben Energie?* Notiere in Stichworten.

In den folgenden Übungen durchforsten wir jene Gedanken und Gefühle, die das freie Fließen deiner Energie verhindern. Nimm dir Zeit und beantworte folgende Statements zunächst für dich selbst und lasse dann, wenn du magst, jene Menschen dazu Stellung nehmen, die du in deine Gedanken und Gefühle mit einbezogen hast.

B Glaubenssätze

1.   *Hauptthema: Ich bin es nicht wert*
- *Ich kann nicht intensiv und tief lieben.* Warum?
- *Niemand liebt mich.* Warum?
- *Ich fühle mich allein.* Stimmt das wirklich? Was unternimmst du dagegen?
- *Ich kann niemandem vertrauen.* Warum nicht?

- *Ich trau mich nicht, bestimmte Dinge zu tun, obgleich ich sie liebend gern tun würde.* Welche Dinge sind das? Was wäre das Schlimmste, das geschehen könnte?

2. *Hauptthema: Ich bin hilflos*
- *Ich bin nicht klug genug.* Woher weißt du das? Wie hast du es herausgefunden?
- *Ich mache einfach nichts richtig.* Wer sagt das? Was ist eigentlich richtig und für wen gilt das?
- *Die anderen können alles besser.* Warum glaubst du das? Was kannst denn du besser als die anderen?

C Energie tanken

Wann immer du dich unwohl fühlst, vernimmst du ein Alarmsignal deiner Seele. Es bedeutet stets: Hier solltest du eine neue Wahl treffen. Wenn du lernst, auf die Sprache deines Körpers und deiner Gefühle zu hören, beginnst du damit, dir augenblicklich neue Energie zuzuführen.

Das geschieht am schnellsten, sichersten und unauffälligsten durch das Atmen. Das kannst du immer tun, ganz gleich, wo du dich gerade befindest. Stell dir das Ein- und Ausatmen als Einheit vor, jenseits der Zeit, das dich jetzt direkt mit deiner Einheit wieder verbindet.

Setze dich möglichst gerade hin, sodass die Wirbelsäule senkrecht sein kann. Dein Kopf »schwebt« oben auf dem Ende der Wirbelsäule. Die Schultern hängen möglichst locker. Atme jetzt tief und bewusst ein (aber nicht verkrampft) und lass diesen Atem tief hinunter in deinen Unterbauch fließen. Verfolge den Atem mit deinem Bewusstsein. Streng dich bitte nicht an, und beobachte nur, wie der verbrauchte Atem ohne dein Zutun deinen Körper durch die Nase wieder verlässt.

Während du achtmal so atmest (oder auch mehr, wenn du willst), machst du dir intensiv bewusst, dass du dir jetzt neue Kraft aus dem Universum holst, für deine Seele und für deine Person. Diese Kraft steht dir immer zur Verfügung und du greifst jetzt kräftig zu, damit du genügend »Sprit« im Tank hast, um die neuen Entscheidungen, die jetzt anstehen, kraftvoll und klar zu treffen.

Beachte: Nur mal schnell tief ein- und ausatmen bringt nicht den gleichen Effekt. Wichtig ist, dass dich dein Bewusstsein begleitet und du diese Gedanken auch wirklich denkst.

D Wer bin ich?
Diese Übung ist sehr hilfreich, um das neue MICH klarer zu definieren.

- Wer willst du sein? Was willst du sein?
  Was geschähe, wenn du es wärest? (Bitte nicht einfach nur »glücklich« schreiben. Das ist ein Ausweichmanöver.) Schau auf dein Leben und beschreibe ausführlich, was nach deiner Sicht der Dinge geschehen würde.
- Warum holst du es dir nicht?

E Energie zurückholen
Es ist zwar nicht sinnvoll, in die schmerzhaften Gefühle der Vergangenheit einzutauchen, aber von höchstem Wert, deine in der Vergangenheit liegen gebliebene Energie zu dir zurückzuführen. Immer wenn du das Gefühl hattest, als Verlierer von der Bühne abgetreten zu sein, hast du deine kostbare Energie in der Situation einfach liegen lassen. Dort ruht sie immer noch und fehlt dir

jetzt für dein Wachstum. Da sie nur zu dir gehört, führe sie nun zu dir zurück.

Nimm dir eine halbe Stunde Zeit, sitze aufrecht und lasse ein Bild aus der Vergangenheit auftauchen, das dich als Verlierer zeigt. Entscheide nun klar und bewusst, ohne Wut und Ärger zuzulassen, dass du deine verlorene Energie in voller Menge zurückholen willst. Dies geschieht über den Atem. Wende nun deinen Kopf seitwärts zur linken Schulter, bis deine Nase über deiner linken Schulter ist. Betrachte das Bild deutlich vor deinen Augen und triff nochmals die feste Entscheidung: »Meine Energie gehört zu mir.« Du atmest mit diesem Gedanken tief ein und ziehst über dein Einatmen die verlorene Energie zu dir zurück, während du gleichzeitig den Kopf langsam nach rechts drehst und mit der Nase über deiner rechten Schulter die mitgebrachte Energie in dein System ausatmest.

Wiederhole diese Übung für etwa fünfzehn Minuten oder länger, bis du das Gefühl entwickelst, alles, was dir gehört, auch wieder bei dir zu wissen.

Für diese Übung solltest du immer wieder Zeit finden, besonders dann, wenn du plötzlich mit deinen Gedanken in der Vergangenheit gelandet bist und eine alte Situation hochkocht. Hole dir deine Energie zurück, denn die Erinnerung kommt nur, um dich zu ermahnen, alles, was dein ist, auch zu deinem zu erklären. Erst wenn du gar nicht mehr an die »üble« Vergangenheit denkst, ist die verlorene Energie wieder bei dir.

Diese Übung ist äußerst wichtig und hochgradig effektiv. Gönn Sie dir, weil du dich selbst dabei mehr und mehr wertschätzt.

Bin ich eine Tankstelle? 6
Energiespiele

Ärger, Wut

Wenn wir euch zusehen, staunen wir oft. Ihr lebt mit merkwürdigen Angewohnheiten: Ihr erschafft Gefühle, die reine Lustkiller sind und sehnt euch gleichzeitig danach, glücklich zu sein! Ihr ärgert euch sehr häufig und sehr heftig über alle möglichen Dinge, die nicht zu ändern sind. Doch aus unserer Sicht betrachtet, ergibt Ärger überhaupt keinen Sinn.

Ihr ärgert euch auch grundsätzlich, wenn etwas bereits geschehen ist. Wozu dann der Ärger? Es ist doch schon vorbei und selbst der heftigste Ärger wird nichts mehr verändern, die Sache mit Sicherheit aber verschlimmern, weil Ärger ein höchst giftiges Gefühl ist. Eine Minute Ärger entspricht einem Esslöffel Gift. Würdest du freiwillig einen Esslöffel Gift schlucken? Aber dich zu ärgern ist gar nichts anderes. Du schüttest Adrenalin in dein System. Adrenalin jedoch ist ein Fluchthormon, das der Körper nur in Notsituationen ausschüttet.

Ihr ärgert euch bereits, weil es regnet oder ihr den Bus verpasst habt. Der Körper gewöhnt sich an die regelmäßige Ausschüttung des Gifts und mit der Zeit entsteht ein Zustand, der der Sucht vergleichbar ist. Ihr sucht dann förmlich den Ärger, könnt gar nicht mehr aufhören, euch zu ärgern, weil euch der innere Schuss Adrenalin fehlt. Es gibt Menschen, die sich darüber ärgern, dass sie sich wieder mal geärgert haben! In Wahrheit sucht ihr etwas anderes – nämlich euch selbst. Aber das will der Ärgersüchtige nicht hören. Natürlich findest du überall einen Anlass. Du kannst dein Leben damit verbringen, dich zu ärgern. Wir fragten einmal einen ärgersüchtigen Touristen, warum er so handelt, und seine Antwort war bemerkenswert: »Weil ich mich sonst überhaupt nicht mehr fühlen kann.« Es war seine Wahrheit. Dein Ärger ist in dir mitunter so heftig, dass andere Menschen auch noch in seinen Genuss kommen. In diesem Fall betreibst du Umweltverschmutzung. Der Bus ist weg, du kannst es nicht ändern und bestrafst dich nun obendrein noch selbst dafür, indem du dich ärgerst. Du bist wie eine Bombe, die nichts weiter bewirkt als Zerstörung, in dir und außerhalb von dir, denn deine Ausstrahlung verbreitet »dicke Luft«. Du tust das alles nur, weil du

Warum ärgern, wenn's vorbei ist?

es so gelernt hast. Du agierst nicht frei, sondern dein Ärger-Reaktions-Programm ist ein Selbstläufer geworden. Eine Winzigkeit – und das Programm startet. Dabei bist du ein hochintelligenter Mensch. Aber über diese Hintergründe hattest du keine Zeit nachzudenken: Der Bus ist weg. Aber ist das ein ausreichender Grund, dich zu vergiften?

Dein Ärger frisst mengenweise Energie. Du boykottierst dich selbst. Bitte sag uns einmal, warum du so handelst? Was hast du verbrochen, dass du mit dir selbst so umgehst? Du weißt es nicht? Dürfen wir dir eine Idee geben? Du suchst schon so lange nach Liebe und findest sie nicht. Du bist so verzweifelt, enttäuscht und voller Schmerz, dass du nach dem Grund suchst und tief in dir die Überzeugung findest, dass du wirklich nicht liebenswert sein kannst. Du musst ein Außenseiter sein. Irgendein Nichts. Kein Wunder, dass alles schief geht! Durchaus ein Grund, dich zu bestrafen. Einem ungeliebten Wesen steht Strafe zu, weil mit ihm/ihr ja etwas nicht stimmt. So hast du es früher gelernt und erfahren. Obwohl niemand mehr da ist, der dich straft, führst du es fort. So tief sitzt deine unbewusste Überzeugung.

Deine zunehmende Energielosigkeit zwingt dich, immer mehr Ärger zu erschaffen, um immer mehr Adrenalin produzieren zu können. Zu den ärgerlichen Alltagssituationen addierst du nun die nicht minder ärgerliche Vergangenheit. Du wählst den verpassten Bus als Anlass, dich in deinen Ärger hineinzusteigern, und erfährst den scheinbaren, kurzfristigen Energiegewinn. Dann kommst du endlich ins Büro. Natürlich hat eine Kollegin eine terminierte Unterlage noch nicht fertig. Jetzt reicht es dir aber und du fährst sie an.

Wenn es eine kluge Kollegin ist, wird sie dir unverändert freundlich »Guten Morgen« sagen. Sie nimmt deinen Ärger nicht an. Sie ist der Meinung, es sei *dein* Ärger. Sie will ihn einfach nicht haben. »Behalt ihn selbst, deinen Ärger«, denkt sie. Sie ist sich selbst viel wert und stolz auf ihr gesundes Selbstwertgefühl. Sie kauft deine Ladung Gift nicht. Warum sollte sie auch? Sie ist stark und zentriert und kann daher frei entscheiden und agieren, was sie will – und was nicht.

Eine weniger selbstbewusste Kollegin wird sich gekränkt fühlen, dich beleidigt anschauen und dir zeigen, dass du sie getroffen hast. Genau darauf hast du unbewusst gewartet. Mit ihrer Reaktion hast du sie energetisch gefesselt. Sie ärgert sich nun über dich und damit fließt dir ihre Energie zu. Ohne es bewusst gewollt zu haben, wirst du dich besser fühlen, kraftvoller und leichter, denn sie hat ihre Energie-Tankstelle für dich geöffnet, solange sie sich über dich ärgert. Beschließt sie, dass es nun genug sei, wirst du es bemerken, sie nochmals ärgern, um nachtanken zu können. Kein Wunder, dass diese Spielchen die Arbeitsleistung tangieren ...

Niemand von euch beiden ist böse oder gemein. Es gibt keine bösen oder schuldigen Menschen, nur unbewusst handelnde. Sie spielen beide miteinander ein Spiel, das alle spielen müssen, die sich selbst die Energie blockieren. Ärger ist ansteckend. Ohne Energie können sie ihren Alltag nicht bewältigen, einfach nicht leben. Da sie keinen direkten, authentischen Weg zu ihrer Energie kennen, handeln sie wie die meisten. Die Reaktions-Methode wurde bereits in früher Kindheit unreflektiert übernommen und seither nicht mehr bewusst hinterfragt.

Dir, dem Lichtmenschen, steht jederzeit grenzenlose Energie zur Verfügung. Erkennst du die Wahrheit deines wahren Wesens an, erfährst du die Einheit in dir, denn Wahrheit ist das, was dich mit deiner **Keine Landeerlaubnis für** Seele vereint. Der Ärger hat keinen **negative Gedanken!** Nährboden mehr. Lebst du im Bewusstsein der Seele, agierst du: Der Bus ist dir vor der Nase fortgefahren. Aha. Du weißt, dass es keine Zufälle geben kann, denn in der Natur begegnen wir Zufälligkeit nicht, nichts ist regellos. Es mag einen Grund für das Verpassen des Busses geben – vielleicht auch nicht. Das ist unerheblich. Er ist weg. Mehr ist nicht. Du stellst dich hin und genießt die nächsten zehn oder zwanzig Minuten in Muße deine Umgebung, siehst die Zeit als Geschenk an und verbietest deinem rationalen Verstand, dir die alten Urteile und Bewertungen wieder vorzuspielen. Du kennst sie alle und weißt, was sie bewirken. Du nimmst die Zeit und baust dich mit guten Gedanken selbst auf, genießt jeden einzelnen Moment als besondere Gnade.

Überleg doch mal. Nichts, was bereits geschehen ist, kannst du verändern, aber du kannst es akzeptieren. Wir wählen stets die Expansion unserer Energie und erfahren immer mehr Freude und Glück. Darin liegt unser Geheimnis: Verwirf alles, was dem Lichtmenschen nicht dient, und erlaube deiner Kraft, dich zu tragen. Ja: Du wirst getragen, statt dich auszupowern. Gönn dir diese Erfahrung. Wenn Ärger dich wieder anfliegen und landen will, atme tief ein und sprich: »Du hast hier keine Macht. Du gehörst nicht zu mir. Deine Absicht ist die Zerstörung meiner Energie. Ich aber will mich aufbauen. Ich lasse dich nicht eintreten. Ich wähle die Kraft meiner Seele.« Du hast verstanden, dass Veränderung notwendig ist, denn du wie auch die Welt heilen mit dem neuen Denken.

Erwartung – Enttäuschung

Wie kommen Erwartungen zustande? Tief in deinem Inneren bist du müde. Du hast in deinem bisherigen Leben mehr Energie verloren, als du gewonnen hast. Du führst den spürbaren Energiemangel darauf zurück, dass du *älter* wirst, und meinst, das sei normal. Abnutzungserscheinungen? Lebtest du im Überfluss an Energie, wärest du stets und bis ins hohe Alter kraftvoll. Aber der Reichtum der Seele ist noch nicht greifbar und im bewussten Verstand regiert noch die Angst. Du empfindest die Kluft, die dir unüberbrückbar erscheint.

In dir baut sich allmählich ein Wunschprogramm auf, mit dem Ziel, die Energie anderer Menschen anzuzapfen. »Könnten mir nicht mal andere unter die Arme greifen?« »Wo ist der starke Ritter/die Traumfrau, der/die mich glücklich macht?« »Wieso macht er oder sie nicht für mich, was ich mir wünsche, ich tue doch auch so viel für sie/ihn.« Du hoffst auf Unterstützung, forderst sie vielleicht sogar mit Nachdruck ein, weil du dir selbst nicht glaubst, dass du dir geben könntest, wonach du dich sehnst. Eine Vermeidungsstrategie.

Erkennst du, was geschieht? Dir selbst traust du all die ersehnten Gaben nicht zu, den anderen offenbar schon. Du nimmst dir durch diese Gedanken selbst die Kraft weg, machst dich klein und glaubst daran. Du gibst deine Energie und die innere Macht aus der Hand, um sie vom anderen zurückzufordern. Du willst geliebt werden, erwartest Hilfe und Verständnis, und was bist du bereit, dafür zu geben? Du bist enttäuscht vom Leben und von dir selbst, glaubst, du hättest nichts, was des Gebens wert sein könnte. Meinst, die anderen verstünden besser zu leben und sollten dich teilhaben lassen. Du lügst dir in die eigene Tasche.

Erwartungen sind Zeitverschwendung und behindern das eigene Tun.

Du siehst nicht, dass alle Menschen das Gleiche suchen wie du auch: ihre innere Kraft, ihren Frieden, ihre göttliche Natur. Niemand kann dir daher auf Dauer geben, was du ersehnst. Was also aus deiner Erwartungshaltung resultieren muss, ist weitere *Ent*-täuschung. Das Fatale ist, dass fast niemand ehrlich über seine Gefühle spricht, seine Ängste und Zweifel, die ewigen Minderwertigkeitsgefühle; über sein Gefühl von Unzulänglichkeit und Nicht-zu-leben-Verstehen. Aus Angst, für schwach oder dumm gehalten zu werden, versteckt ihr diese Wahrheit und gebt stattdessen vor, alles unter Kontrolle zu haben. Du nimmst diese Täuschung für bare Münze und wirst ent-täuscht.

Warum willst du partout nicht die Verantwortung für die Erfüllung all deiner Wünsche selbst in die Hand nehmen? Warum verneinst du deinen Ursprung und willst nicht Licht, sondern Dunkelheit sein? Warum vermeidest du die Gefühle von Liebe und Freude und suchst fortwährend Enttäuschung und Schmerz? Warum schwächst du dich, wenn du dich ebenso aufbauen kannst? Vielleicht, weil du glaubst, du kannst das nicht? Wie willst du das wissen, wenn du es noch nie versucht hast?

Du folgst dem scheinbar leichten Weg, den das Ego dir immer vorschlägt: Nur keine Experimente, nur nicht ins Ungewisse, nur nicht weg vom alten Trott. Wenn du jedoch beginnst, von einer neuen Perspektive deine Erwartungen und Enttäuschungen zu betrachten, wirst du dankbar für jede Ent-täuschung, verhilft sie dir doch zur Erkenntnis, möglicherweise ein Lichtmensch zu sein, voller Liebe, voller Möglichkeiten, voller Kraft. Dann wirst du dich selbst einsetzen für das, was du haben willst, und erfahren, dass du es sehr wohl erschaffen kannst. Das Ego täuscht sich, wenn es meint, es könne dein Leben bestimmen. Die Seele lenkt immer und ohne Unterlass dein Leben – du erfühlst aber erst ihre Segnungen, wenn du bewusst erlaubst, dass es so sein darf.

Menschen mit wenig Energie sind leicht lenkbar, schnell zu manipulieren, sie denken nicht gerne kritisch nach und es fällt leicht, sie zu beeindrucken. Was immer sie tun, sie sind nicht bei sich selbst, dem kraft- und friedvollen Platz, den keine weltliche Realität je erreicht und in dem alles möglich ist. Sie fliehen unbewusst vor ihrer eigenen Schöpferkraft, leben nicht authentisch. Ohne die Unterstützung deiner frei fließenden Energie bist du ängstlich, magst nicht auffallen, willst nicht aus der Norm fallen und lieber tun, was alle tun.

Du hast Angst vor deinem Licht – du traust dich nicht, stark zu sein. Du traust dich nicht, Zivilcourage zu entwickeln. Du hast Angst vor deiner Wahrheit und deiner eigenen, ewigen Natur. Angst vor deiner göttlichen Kraft, mit deren Hilfe du Berge versetzen, dich selbst und dein Umfeld mit Verständnis und Liebe erhellen könntest. Das Göttliche darf nicht leben – du trennst dich – und fühlst den Trennungsschmerz. Du betest um Hilfe von oben, nimmst jedoch die in dir wohnende, göttliche Kraft nicht an! Wie lange noch?

Man hat dich gelehrt, dass der Unaussprechliche außerhalb von dir lebt, für den Menschen nicht erreichbar. Du hast gehört und gelernt, wer Gott ist: unerreichbar. Rein. Heilig. Anbetungswürdig. Der sündige Mensch, an den du so lange glaubtest, fühlt sich daher nicht würdig, den Lichtmenschen zu erwecken, und Panik befällt dich bei dem Gedanken, du selbst könntest das Endliche im Unendlichen sein. Und dennoch ist es so.

Dein Schreck ist so groß, dass du vermutlich in die angelernte Verneinung fällst: »Das kann ja gar nicht wahr sein. Alles Spinnerei.« Dein Ego und seine Angst bäumen sich auf und sträuben sich vehement. Doch ob dein rationaler Verstand es nun einsehen und bejahen will oder nicht, macht keinen Unterschied: Du bist eine Seele. Auch als Mensch bist du immer und unausweichlich eins mit dem Unaussprechlichen.

Du kannst dich aus diesem Energiespiel »Erwartung-Enttäuschung« lösen, indem du dir bewusst machst, dass deine Erwartungen (die du zunächst immer wieder mal haben wirst) sich nicht erfüllen könnten. Dir wird klar, dass kein anderer Mensch, auch wenn du ihn noch so liebst, dein Erfüllungsgehilfe sein kann, und du verstehst, dass du ihn, eben weil du ihn liebst, auch nicht zu einem solchen degradieren willst. Du kannst dir deine Erwartungen anschauen und entscheiden, sie dir selbst zu erfüllen. Diese Haltung wird dich energetisch aufbauen, dir Freiheit bescheren. Endlich bist du selbst verantwortlich für dein Leben, nicht länger abhängig davon, ob dir gegeben wird oder nicht. Enttäuschung kann nur entstehen, solange du daran glaubst, dass dir das Ersehnte nicht wirklich zusteht.

Wenn du dich dennoch wieder einmal enttäuscht fühlst, dann pfeif deine negativen Gedanken zurück und erschaffe dir neue, aufbauende. Mach nicht länger andere für deinen Zustand verantwortlich, sondern gib zu, dass du selbst dessen Verursacher bist. Schau dir zu bei deinem Wachstum und lach auch mal über dich selbst. Dein Ego liebt das Drama und nur du kannst versuchen, dein Leben in eine »göttliche Komödie« zu verwandeln. Ein herzhaftes Lachen beim Anblick deiner dramatischen, höchst kunstvollen gedanklichen Pirouetten hilft dir augenblicklich, in einen energieaufbauenden, entspannten Zustand zu wechseln.

Lach über dich selbst und du bist glücklich.

Werden Erwartungen an dich herangetragen, dann erinnere dich: »Erwartungen entspreche ich nicht, und ich weiß, warum. Einer Bitte hingegen folge ich gern.« Du hast gelernt, die beiden voneinander zu unterscheiden.

Die Erwartung will ein totales Entsprechen und sofortige Energielieferung deinerseits – die Bitte ist offen für deine wahre Antwort, auch wenn es eine Ablehnung ist. Dein Wahlspruch könnte lauten: »Ich bin offen für alles und jeden. Aber ich bin nicht offen für Energien, die die meinen angreifen oder vereinnahmen wollen.«

Vorwürfe – Schuld

Eine andere, subtile Variante von Energiespielen ist das »Vorwurf-Schuld-Spiel«, eine Weiterentwicklung des vorangegangenen Spiels, denn der Vorwurf resultiert aus einer nicht erfüllten Erwartung, seine Auswirkungen jedoch gehen tiefer und kosten deutlich mehr Energie.

Mehr als einmal hast du dich schuldig gefühlt. Aber nicht, weil du tatsächlich schuldig warst, sondern schuldig gesprochen wurdest. Du hast diesen Schuldspruch angenommen und verinnerlicht. Er konnte dich nur erreichen, weil du tief in dir daran glaubst, nicht in Ordnung zu sein. Der angenommene Schuldspruch lastete schwer auf deinem Gewissen. Du fühltest dich getrennt, abgeschnitten von jeglicher Liebe. Plötzlich warst du ganz allein, hilflos, ohnmächtig und verlassen. Liebesentzug schmerzt mehr als jede andere Strafe. Schau dir die Wahrheit an. Warum hast du getan, was anderen nicht gefiel? Was war deine tiefste Absicht? Sei ehrlich. Geschah es unbewusst? Ohne darüber nachzudenken? Wolltest du verletzen? Warum? Findest du tief unten in dir den Schmerz darüber, dich ungeliebt und unverstanden zu fühlen? Die Wut, dass dich einfach keiner wirklich sieht? Was geschähe in dir, wenn du statt des Vorwurfs die Bereitschaft, dich zu verstehen, ernten würdest? Wäre das Liebe? Wären auf diese Weise alle Beteiligten frei? Unabhängig?

Hier ein Beispiel: Wenn du deinem Mann einen Vorwurf machst und er wird von ihm angenommen, bekommst du seine Energie in Form von Aufmerksamkeit und Liebe oder Aggression (beide sind kraftvolle Energien), um die vermeintliche Schuld zu tilgen. Es ist eine Liebe, die du dir selbst nicht geben willst, weil du glaubst, ihrer nicht wert zu sein. Du kannst sehen, wie unbewusst dieses Spiel läuft: Die eigene Liebe verneinst du, aber die Liebe deines Mannes nimmst du sehr wohl, um dich liebenswert fühlen zu können. Er seinerseits hat den Vorwurf nur angenommen, weil er – wie du auch – der Meinung ist, mit ihm sei etwas nicht in Ordnung und er sei der Liebe nicht wert. Indem er dir seine Liebe *beweist*, kann er sich selbst besser glauben, liebenswert zu sein.

Bei diesem Manöver verliert er viel Energie, die dir vorübergehend zufließt. Er wird sehr bald bemerken, dass auch er etwas unternehmen sollte, um neue Energie zu gewinnen. Er wird dir jetzt seinerseits vermutlich zwei Vorwürfe hinschleudern und hoffen, dass du das notwendige Schuldgefühl oder ebenfalls Aggression entwickelst, damit seine ausgeborgte Energie zu ihm zurückfließen kann. Lässt du die Vorwürfe zu, funktioniert das Spiel. Ihr sitzt beide im gleichen Boot und spielt das gleiche Spiel aus genau den gleichen Gründen.

Solange du nicht erkennst, was geschieht, verletzen und schwächen dich diese Spiele, bestärken dich aber in der irrigen Annahme, du seist dem Leben und seinem Treiben hilflos ausgeliefert. Dein Leben sei nun einmal anstrengend und tägliche Streitereien seien normal. Deine Angst wächst, du findest keinen Frieden, wünschst dir nur noch, die anderen sollten dich endlich in Ruhe lassen. Mitunter hast du sogar den Gedanken, diesem sinnlosen Treiben ein radikales Ende setzen zu wollen. Was ist geschehen?

Als Kind hast du den freien Raum nicht bekommen, um dein Selbst zu entwickeln. Du hast gelernt, dich nicht spontan, sondern überlegt, kontrolliert auszudrücken. Die Wahrheit zu zeigen erschien sehr bald gefährlich! Später gewährst du dir diesen Raum selbst nicht mehr. Die Erfahrung ist verinnerlicht, du glaubst, das sei normal.

Diese Strategie zieht sich durch dein Leben. Als normaler Mensch bist du von deiner Wahrheit abgeschnitten, bist auf andere Menschen und deren Meinung fixiert. Du hast bereits so viele Vorwürfe kassiert, dass du dich eigenartigerweise immer *irgendwie schuldig* fühlst, auch wenn du gar nicht weißt, warum. Du musst sehr schlecht von dir selbst denken! Würdest du nur Gutes über dich denken (was der Wahrheit entspräche), würdest du unbekümmert nur du selbst sein: die Wahrheit deines Herzens zeigen und die offenen Herzen erreichen. Liebe könnte fließen, es würde menscheln. Welch ein Genuss!

Es Ist viel anstrengender, Vorwürfe zu machen oder sie anzunehmen, als Liebe zu zeigen.

Hast du einmal ein kleines Kind gesehen, das schlecht über sich denkt? Kleine Kinder sind noch natürlich – noch nicht *erzogen* und verhalten sich spontan und ehrlich – so, wie sie sind.

Was kannst du tun? Wir sind der Meinung, es ist sehr einfach, wenn auch nicht leicht, weil es jeden Moment geübt sein will: Richte deine Wahrnehmung auf das Gute. Richte deine Wahrnehmung auf die Möglichkeit, dass du (wider Erwarten) doch liebenswert sein könntest. Richte dein Bewusstsein auf deine Wahrheit und drück sie aus. Sprich sie aus dem Herzen, nicht aus dem Kopf. Die Wahrheit des Verstandes beurteilt – die Wahrheit des Herzens vereint und erschafft Verstehen.

Mit deinem Verstand entscheidest du, ob du schuldig oder unschuldig bist. Solange du anderen Vorwürfe machst oder sie dir machen lässt, verweigerst du dir selbst Freiheit und Vergebung. Du hast die Gedanken von Schuld übernommen und dein Verstand speichert sie. Deine Energie blockiert. Ist es nicht herrlich, dass du nun neu denken kannst? Du schaffst es mit einer einzigen Entscheidung: »Ich will mich von meiner gedachten Schuld lösen, um meine Unschuld zu ent-decken!«

Anstatt Vorwürfe auszusprechen, sprich von deiner Wahrheit. Sag, dass du dich verletzt oder allein fühlst, dass du Angst hast, dass du gerne in den Arm genommen würdest, dass du einen Liebesbeweis ersehnst. Sprich doch aus, was du fürchtest: Du hast Angst, nicht geliebt zu werden, weil du dich selbst nicht lieben kannst.

Das ehrliche Wort wird vom Herzen immer verstanden.

Wenn du ehrlich bist, zeigst du dich. Einfach und ohne Maske. Dein Vertrauen kann wachsen und die Angst wird kleiner. Mit Ehrlichkeit gibst du dir selbst Recht – und musst nicht länger Recht behalten. Ehrlichkeit dir selbst gegenüber ist der Dreh- und Angelpunkt: Wenn sie aus dem Herzen kommt, kann sie nicht verletzen, denn sie erreicht das Herz des anderen. Das Herz versteht, weil es um die

Seele weiß. Aus dem Herzen gesprochene Wahrheit wert-schätzt das Herz und die Wahrheit des anderen. Nur die Unwahrheit kann verletzen und tut es auch. Erinnere dich: Alle Menschen haben Angst – ob sie sie zeigen oder nicht. Alle stoßen an ihre Grenzen, ob sie sie wahrhaben wollen oder nicht. Keiner ist besser, größer oder mehr wert. Niemand ist perfekt, auch nicht, wenn er es vor-gibt. Wir alle sind Seelen auf Reisen, als Gedankenformen des Unaussprechlichen unterwegs. So betrachtet, sind alle gleich. Schau aus diesem Blickwinkel in die Welt. Nimm dir ein Herz und zeig deine Wahrheit. Immer und unter allen Umständen. Versprich dir, niemals weniger als das zu tun.

Ich kann das nicht!

Welch ein lustiges Spiel! Wir sehen die Größe, die einzig-artige Schönheit einer Seele und können beobachten, wie sie sich klein, winzig klein macht, wenn sie sagt:»Ich kann das nicht!« Es wirkt auf uns sehr komisch – wir schmunzeln immer wieder darüber, dass ein Mensch diese Aussage wirklich glauben kann.

Dein Leben ist entweder ein bewusstes Mitfließen im Strom des Seelenplans – und in diesem Fall ist dein Leben pure Freude und Glückseligkeit – oder Widerstand. Das genannte Spiel jedoch verdeutlicht massiven Widerstand, denn»Ich kann nicht« heißt in Wahrheit»Ich will nicht«. Was will sie nicht, diese Person? Sie will ihre Kraft nicht fühlen, ihre Größe nicht ausprobieren, ihre grenzenlosen Möglichkeiten nicht erkunden und die Verantwortung für die Ergebnisse im eigenen Leben nicht übernehmen. Sie will einerseits ein Kind bleiben, wird andererseits aber die Rechte eines Erwachsenen fordern.

Dies wird von der Gesellschaft durchaus anerkannt: Denn der Hilferuf »Ich kann nicht« bringt all die ritterlichen, altruistisch eingestellten Menschen auf den Plan, die von ihren eigenen Qualitäten auch nicht überzeugt sind. Das Spiel beginnt: »Ich-kann-nicht« trifft auf »Aber-ich-kann«, nennen wir sie Kani und Aika.

Kani meint, den Clou gefunden zu haben. Sie haushaltet mit ihrer Energie. Was sie mag, das kann sie, und was sie nicht mag, das sollen andere machen. Ein kluger Plan, denkt sie und findet viel Bestätigung, gibt es doch genügend freudige Mitspieler. Was Kani nicht realisiert, ist die Wahrheit hinter dem Spiel: Sie wird auf diese Weise nicht wachsen können, weil sie nur in ihrem selbst abgesteckten, kleinen Freilauf hin und her kreuzt, zwischen *ich mag* und *ich mag nicht*. Ein kleines, privates Gefängnis.

Unbewusst wird sie ihr Verhalten frustrieren, kennt sie doch gleichzeitig ihre Wahrheit. Obwohl sie immer wieder Mitspieler findet, verliert sie durch ihre fortgesetzte Weigerung und die Lüge sich selbst gegenüber mehr und mehr Energie. Dies hat zur Folge, dass sie immer mehr *nicht kann* und immer mehr von anderen fordert. Sie bringt sich selbst in die Erfahrung eines hilflosen Menschen, der aber immer und für alles eine Entschuldigung bereithält. Viele Energie-Tankstellen werden schließen.

»Ich kann nicht« heißt »Ich will nicht«.

Aika kommt von einer anderen Seite, er zählt zu denen, die nicht »nein« sagen können und sich nur allzu gern als die allgegenwärtigen Helfer in der Not sehen. Er glaubt sich selbst nicht wirklich, dass er in Ordnung ist und alles kann, denn sonst müsste er es sich nicht laufend beweisen. Irgendwo nagt der innere Zweifel an ihm. Da kommt Kani, das hilfsbedürftige Wesen, wie gerufen. Endlich kann Aika sich und den anderen *beweisen*, was für ein toller Typ er ist. Wenn es gut läuft, wird er gelobt, wenn es sehr gut läuft, sogar geliebt. Genau diese Energie sucht Aika, denn mit der auf diese Weise hinzugewonnenen Kraft kann er den ständigen Energieklau *Zweifel* vorübergehend zum Schweigen bringen. Für eine Weile kann er sich nun glauben, dass er total in Ordnung sei und wirklich alles kann. Jetzt kann er sich auch selbst lieben:»Wenn's die anderen sagen, ja dann ...« Das geht so lange gut, bis der Zweifel wieder Oberhand gewinnt.

Auch Aika versagt sich das eigene Wachstum, weil er glaubt, auf Fremdenergie angewiesen zu sein, anstatt die eigene Kraft zu befreien, und hört die innere Stimme nicht: »He, Aika, du zweifelst immer noch, seit so vielen Jahren, an deiner Größe. Bitte lob dich doch einfach mal selbst, dann kann ich mich endlich rückverwandeln in Vertrauen. Das wird uns beiden gut tun, dir und mir. Ich will keine fremde Energie – ich will deine eigene. Hilf nicht länger nur den anderen, sondern erst einmal dir selbst. Befass dich mit dir und mir und stopf mir nicht immer nur das Maul!«

Aika wird dann lernen, sich selbst wichtiger zu nehmen. Er bleibt ein hilfsbereiter Mensch, wird aber nur dann antworten, wenn er fühlen kann, dass seine Hilfe für den anderen Fortschritt bedeutet und kein Spielchen ist. Vielleicht hat er bald so viel eigene Energie, dass er auf *Ich kann nicht* mit *Versuch's doch mal – ich zeig dir's* antwortet.

Und wenn Kani erkennt, dass sie ihr Leben immer nur wiederholt, kann sie zunächst einmal statt *Ich kann nicht* ehrlich *Ich will nicht* sagen. Diese kleine Veränderung wird viel bewirken, weil sie sich selbst und ihren Spielchen zusehen kann. Vielleicht trifft sie dann eine neue Wahl.

Immer wenn du nicht auf deine Wahrheit hörst, spielst du Energiespielchen, die in Tausenden von Varianten möglich sind. Sie halten dich im permanenten Energiemangel und in kräftezehrender Abhängigkeit gefangen. Hör einfach auf damit. Dann wird dich die Wahrheit befreien und in die Einheit mit dir selbst zurückführen.

Das Einzige, was du jemals besitzen kannst, bist du selbst. Diesen Besitz vermehren wir, täglich, stündlich durch unsere Gedanken, Worte und Taten. Wir vermehren unsere Energie, bis sie überfließt. Von diesem Überfluss nähren sich die, die finden wollen. Das ist Liebe, so, wie wir sie verstehen: die untrennbare Einheit von Mensch und Lichtmensch, von Materie und Geist.

Kennst du deine Werte? 7

Wir möchten dir viele Blickwinkel öffnen, die dir erlauben, deine Lebensenergie immer weiter anzuheben und auf das höchstmögliche Niveau zu bringen, damit die bewusste Einheit mit deiner Seele geschehen kann.

Wichtig ist nicht, was du glaubst, sondern was du in dir hörst und fühlst. Beleuchte alle Winkel deines Unbewussten und befreie deine gefangenen Energien. Sei fürsorglich zu dir, sei dir selbst so wichtig und lieb, dass du dein *Mich* heiratest. Bist du erst wieder mit dir vereint, kann dich nichts je wieder trennen.

Energieaufbauende Werte

Kennst du den folgenden Witz? Der Weise sitzt am Wegesrand und ruht in sich selbst. Am Horizont bemerkt er Pferd und Reiter, die wie besessen durch die Prärie preschen. Der Reiter hält sich mühsam an der Mähne des Gauls fest, das Pferd gibt alles. Es rennt, so schnell es kann.

Der Weise wird neugierig. »Was kann einen Menschen nur bewegen, wie der Teufel durch die Landschaft zu jagen?«, fragt er sich. Pferd und Reiter kommen näher und der

Weise ruft: »He, wohin so schnell?« Der Reiter ruft zurück: »Weiß ich nicht, frag das Pferd!«

Während deines Lebens findest du dich häufig in Situationen wieder, die du nicht bewusst gewollt hast. Du erlebst etwas, lässt eine Reaktion zu und gerätst in einen auf- oder abbauenden Gefühlszustand. Was hat dich geleitet und in diesen Zustand manövriert?

Einerseits sind es deine antrainierten und übernommenen Wertvorstellungen, andererseits die Werte deiner Seele, von denen du dich unbewusst leiten lässt. Sie bestimmen jede deiner Entscheidungen und damit auch deinen Weg. Das Fatale daran ist: Wenn dir die übernommenen Werte nicht bewusst geläufig sind, leiten *sie* dich und nicht du sie. Wenn du deine Werte nicht kennst, fehlt dir der direkte Weg ins Ziel. Du wirst hin und her probieren, orientierungslos diese oder jene Möglichkeit versuchen und dich wundern, warum du nicht ebenso erfolgreich bist wie andere. Wenn dir deine inneren Werte nicht bewusst sind, können deine Entscheidungen nicht klar sein. Du kannst nicht mit verbundenen Augen gezielt ins Schwarze treffen.

Kennst du jedoch deine Werte und weißt, was für dich das Wertvollste überhaupt ist, hast du den entscheidenden Schritt getan. Energie plus innerer

Klar gelebte Werte führen ans Ziel.

Wert wirken wie ein Laserstrahl, du triffst dein Ziel genau. Warum? In deinen positiven, inneren Werten wartet deine Motivation, deine Passion, die grenzenlose, ausdauernde Seelenkraft, die dich trägt und dir Vertrauen und Gelassenheit schenkt, sodass du locker und beinahe mühelos dein Ziel erreichst. Warum? Du hast dem Schöpfer in dir erlaubt, zu wirken.

Nimm dir ein paar Minuten Zeit und erstelle eine Liste mit deinen zehn wichtigsten Werten, und zwar in der für dich gültigen Reihenfolge. Wie sieht deine Liste aus? Wenn diese Liste für dich nicht klar ist: Wie willst du jemals eine Entscheidung treffen, die dir zutiefst entspricht? Wie jemals dein höchstes Ziel erreichen? Ausdauer allein genügt nicht.

Auch ohne diese bewusste Liste versuchst du instinktiv, in Gefühlszustände zu gelangen, die dich aufbauen, in angenehme Gefühle liften. Aber erreichst du so dein Optimum? Was ist dir jetzt wichtiger: Liebe, Erfolg, Freiheit, Nähe? Natürlich magst du all diese Gefühle, aber magst du sie alle gleich gern? Welches Gefühl ist dein *Leitgefühl*, das wichtigste von allen für dich? Welches ist weniger wichtig?

Hier ein paar Vorschläge, die sich beliebig erweitern lassen.

- Herausforderung
- Kraft
- Erfolg
- Freude
- Sicherheit
- Freiheit
- Ruhe
- Nähe
- Liebe ...

An einem Beispiel wollen wir zeigen, warum es so wichtig ist, seine Werte und auch das Leitgefühl zu kennen:

Du wählst zum Beispiel *Ruhe*, dein Lebenspartner *Herausforderung*. Glaubst du, dass ihr ähnliche Entscheidungen treffen werdet? Glaubst du, ihr werdet dieselben Freunde haben, dieselben Ziele verfolgen? Am selben Fleck wohnen, denselben Urlaub, denselben Freizeitausgleich vorziehen?

Wenn du deine Werte kennst, kannst du deinen Standpunkt klar und sicher vertreten und dir selbst treu bleiben. Den Partner verstehst du jetzt auch und hilfst ihm, sich selbst treu zu bleiben. Das Leben wird klarer, die Gefühle ehrlich und intensiv. Entspannung, Entlastung. Keine Urteile mehr, keine endlosen Diskussionen, sondern Verstehen – trotz der Wertekollision.

Aber auch in dir selbst können Werte kollidieren. Du fühlst dich zum Beispiel zu deinem Freund sehr hingezogen, kannst dich aber nicht entscheiden, mit ihm zu leben, weil du deine Freiheit nicht verlieren willst. Du suchst also Nähe und Freiheit zugleich. Was willst du wirklich? Was ist dir ehrlich wichtiger? Schiele nicht auf Vorteile, sei nicht berechnend, sondern sieh deine Wahrheit. Beziehe Stellung zu deinen wahren Bedürfnissen und wähle entsprechend. Deine Energie wird augenblicklich ansteigen und du wirst dich mit dir im Reinen fühlen. Du magst dich selbst, weil du dir treu bist.

Deine Werte werden sich verändern – denn wenn du wachsen willst, suchst du nach neuen Impulsen. Dein heutiges Gefühl Nummer eins kann nach ein paar Wochen oder Monaten plötzlich unten auf der Liste erscheinen. Sobald du fühlst, dass deine Ergebnisse nicht deinen Gefühlen entsprechen, überprüfe die Liste. Sie wird dir weiterhelfen.

Energieabbauende Werte

Du lebst in der Polarität und obwohl du die guten, aufbauenden Gefühle verstärkt anstrebst, erlebst du auch die, denen du lieber ausweichst, weil du vorziehst, sie besser nicht zu fühlen. Sie tun dir weh. Du versuchst sie zu vermeiden und nimmst vielleicht sogar etwas in Kauf, um sie nicht fühlen zu müssen. Für diese Ausweichmanöver hältst du eine volle Trickkiste bereit. Dort, wo dein größter Schmerz verborgen liegt, wirst du die trickreichste, weltbeste Kür laufen, um dem ungeliebten, verhassten Gefühl auszuweichen.

Nimm dir nun eine Weile Zeit und schreib eine Liste dieser Gefühle – dein Top-Schmerzgefühl sollte an erster Stelle stehen.

Zuvor ein Beispiel: Du wirst von deinem allerbesten Freund zum Bungee-Jumping eingeladen. Dein Top-Schmerzgefühl ist Angst vor Neuem, Unkontrollierbarem. Was wird jetzt geschehen? Nimmst du die Einladung an? Du wirst mit allergrößter Wahrscheinlichkeit ablehnen, weil das führende Schmerzgefühl stärker ist als alle anderen. Wenn dein oberstes Schmerzgefühl aber Angst vor Ablehnung ist, wirst du die gleiche Einladung annehmen, auch wenn dir vor Angst ganz übel ist, denn du willst auf keinen Fall von deinem Freund abgelehnt, verlacht werden.

Die Hierarchie deiner Gefühle lässt dir scheinbar keine Wahl – es sei denn, sie ist dir bewusst. Dann erst kannst du frei entscheiden und deine Wahrheit aussprechen. Mit neuem Ergebnis, versteht sich.

Welche Gefühle also vermeidest du am liebsten, was willst du möglichst nicht fühlen? Sie sind alle miteinander nicht attraktiv, aber welches ist das schlimmste von allen für dich?

- Traurigkeit
- Reue
- Minderwertigkeit
- Einsamkeit
- Versagen
- Blamage
- Ablehnung
- Scham
- Frustration

Dein Top-Schmerzgefühl will dich immer und immer wieder verleiten, deine dich aufbauenden Leitwerte aufzugeben und nicht weiterzuverfolgen. Wenn Einsamkeit das Gefühl ist, das du nicht ausstehen kannst, wirst du gerne bereit sein, anderen Menschen das Leben schön zu machen, wirst vieles in Kauf nehmen, nur um nicht allein zu sein.

Wenn dein erstrebenswertes Leitgefühl *Erfolg* heißt und dein Top-Schmerzgefühl *Ablehnung*, wirst du nur sehr schwer, wenn überhaupt, zum Erfolg gelangen, denn deine Angst vor Ablehnung wird dich verleiten, (faule) Kompromisse zu schließen. So verlierst du nicht nur deinen geraden Weg zum Erfolg aus den Augen, sondern auch deine Kraft. Ein Umweg folgt dem anderen. Kennst du aber dein schlimmstes Schmerzgefühl, kannst du neu entscheiden, ob du dich der Ablehnung stellen oder auf den Erfolg verzichten willst. Du hast dann eine kraftvolle, bewusste Entscheidung getroffen und bist nicht deinem unbewussten

Programm zum Opfer gefallen, das nur das Fühlen des Schmerzes verhindern will. Das, mit dem du dich konfrontierst, kann sich auflösen, weil du es endlich bejahst. Solange du jedoch Haken schlägst und verneinst, wovor du Angst hast, verfestigt sich das, was du nicht haben willst.

- Mach dir eine Liste über deine Werte, aufbauend wie abbauend. Überflieg sie alle paar Wochen.
- Frage dich:»Was will ich?«, und später:»Was hält mich davon ab?« Du verstehst dich und dein Leben jetzt bereits viel besser.
- Frage dich:»Was ist in meinem Leben jetzt am wichtigsten?« Sei bereit, diesen Weg auch dann bedingungslos zu gehen, wenn er dich viel Mühe kostet.
- Triff bewusste Entscheidungen darüber, welche Gefühle du in dein Leben einladen willst, welche Ziele du als Nächstes anstrebst, und sei auch bereit, den eventuellen Preis zu zahlen.
- Kümmere dich fortan um die Intensivierung deiner Gefühle und den Ausdruck deiner Wahrheit. Dein Ansehen, um das du zuvor so bemüht warst, zeigt doch nur, was andere von dir halten. Brauchst du das noch?
- Sei ehrlich mit dir, mit deinem Partner, mit deinem Chef und deinen Freunden, mit allen Menschen. Deine Ehrlichkeit kann andere animieren, ebenfalls ehrlich zu sein. Habe den Mut, zuzugeben, dass du auf dem Weg zu dir selbst bist. Vergib dir deine Fehler, dein Unwissen und deine Vergangenheit.
- Nimm deine Kraft und geh weiter. Geh vorwärts und freu dich daran, dass du gehen kannst.
- Die bedingungslose Liebe in der Welt zu suchen ist Unsinn. Nimm deine eigene Liebe und heile damit all deine Wunden.

Kennst du deine Ziele? 8

Stell dir einmal vor, du hättest 100 % deiner Lebensenergie zur freien Verfügung, und du könntest sie lenken, wohin du willst. Wohin würdest du sie lenken? Was wären die Ziele, die du anpeilen würdest? Was würdest du unter diesen Umständen in dein Leben bringen? Was wäre für dich ungeheuer wichtig? Worauf würdest du unter keinen Umständen verzichten wollen? Wenn du jetzt auf dein Leben schaust, was fehlt noch? Was wünschst du dir? Gibt es etwas, das du dir sehnlichst wünschst, aber an dessen Erfüllung du nicht glauben kannst, weil du es für unmöglich hältst? Was willst du noch erleben, bevor du diese Erde wieder verlassen wirst? Was willst du geschaffen, ausprobiert haben? Oder willst du wirklich einfach so vor dich hin leben? Ohne Ziel?

Beantworte die Fragen für dich und schreibe die Antworten auf ein Blatt Papier. Frage dich mal, warum all das Ersehnte noch nicht in deinem Leben ist. Warum blieb es bisher ein Wunsch und wurde nicht Wirklichkeit?

Richtig, du weißt es schon: weil du nicht fest daran glaubst. Weil du deine Energie nicht wie einen Laserstrahl auf dein Ziel richtest. Du glaubst nicht an dein Ziel, du wünschst es dir nur, hoffst, dass es geschehen möge. Was aber tust du, damit es geschieht? Hast du dir einmal die

Mühe gemacht, dich selbst zu überzeugen? Hast du dich entschieden, es felsenfest zu wollen? Wenn nicht, schwächst du dich und stutzt dir selbst die Flügel, obwohl du direkt zu deinem Ziel fliegen willst. Wünschen und Hoffen sind außerordentlich kraftlose Gefühle, solche mit eingebautem Fehlschlag. Warum handelst du so? Damit du bei Nichterreichen den Schmerz der Enttäuschung nicht spürst? Weißt du genau, was du willst? Willst du ans Ziel oder willst du den Schmerz nicht fühlen? Was ist dir wichtiger?

Wunder können nur geschehen, wenn du selbst daran glaubst.

Der Unaussprechliche ist nicht der Ansprechpartner, um Wünsche wahr werden zu lassen, an die du nicht einmal selbst glaubst. Wunder können auch nur geschehen, wenn du wirklich an sie glaubst und in deinem Herzen sicher bist, dass du es wert bist, ein Wunder zu erleben! Erinnere dich: Du bist ein Schöpfer! Das willst du doch in diesem Leben erfahren! Deshalb trägst du doch das Kostüm »Mensch«. Doch statt gedanklich schnurstracks auf dein Ziel loszugehen, hat dich der Zweifel eingeholt. Zweifel scheint dir normal zu sein, bei genauer Betrachtung zweifelt schließlich jeder. Er mag dir normal erscheinen, natürlich jedenfalls ist er nicht. Frage einen Sonnenstrahl nach seinem Ursprung – er kennt keine Zweifel!

Hast du einmal hinter den Zweifel geblickt? Wenn du genau hinschaust, kannst du leicht erkennen, dass Zweifel eine Verneinung ist, zwar gesellschaftsfähig und daher weit verbreitet, aber im Kern ein klares Nein an deine Göttlichkeit. Mit dem Zweifel sagst du unbewusst: »Ich glaube nicht an den alles durchdringenden *Einen*.« Damit bist du auf deine persönliche Kraft und ihre Möglichkeiten beschränkt. Wohin sie dich führen, weißt du.

Du hättest zum Beispiel gerne ein Haus, für dich und deine Familie. Real hast du *noch* nicht das Geld. Deshalb hält der rationale Verstand (der nicht fähig ist, in die Zukunft zu schauen) das eigene Haus für unmöglich: »Kann ich mir nie leisten«, sagt er. Damit hältst du selbst deine Schöpferkraft für unmöglich. Du verneinst sie. Und schon ist sie weg! Wieso eigentlich? Wie kannst du es für unmöglich halten, wenn du es noch nie ausprobiert hast? Wieso glaubst du deinem Verstand und nicht deiner Seele?

Was geschieht nun mit deiner Energie? Sie rutscht in die Frustration statt in dein Ziel. Sie blockiert und der Zweifel wächst und wächst, während dein Ziel in immer weitere Ferne rückt! Du baust dich ab statt auf. Obwohl du dieses Haus wirklich willst, fütterst du den Zweifel mit deiner Energie und wunderst dich über deine Resignation. Wie willst du ein Ziel erreichen, wenn du selbst nicht an dein Ziel glaubst? Hast du je einen Berg bestiegen, ohne einen einzigen aktiven Schritt? Dein Frust ist hausgemacht – jammern und sich über das Schicksal beklagen bringen dich immer nur weiter weg vom Ziel und tiefer hinein in deinen Frust. Dein Ego hat dich fest im

Wer sich aufmacht zum Ziel, sollte den Zweifel hinter sich lassen.

Griff: »Ach, mein Leben ist ja so bescheiden!« Dabei gibt es zwischen Himmel und Erde so viel, von dem du noch nicht weißt. Und sogar dein Verstand sieht ein, dass du nichts zu verlieren hast, sondern nur zu gewinnen – also pack es an!

Deiner Seele kommst du bereits mit dieser klitzekleinen Entscheidung entgegen. Nun ist die Öffnung da, und wenn du nicht nachlässt und dein Ziel täglich kräftig mit Energie fütterst, wird auch deine Überzeugung, dass es möglich sein könnte, wachsen. Du wirst Freude in dir fühlen und spüren, dass Schöpfertum ein toller Spaß sein kann. »Ich, ein Schöpfer?« Ja, wirklich du.

Da dir zu dieser Zeit aber noch nicht 100 % frei fließender Energie zur Verfügung stehen, ist es besonders wichtig, deine verfügbare Energiemenge sorgfältig in die Kanäle zu leiten, die dich aufbauen und weitertragen. Das geschieht über deine Gedanken. Verbiete dir ab sofort, Gedanken zu denken, die dich Energie kosten! Das ist sehr einfach: Du selbst denkst deine Gedanken und du hast ein Bewusstsein, das deinen Gedanken beobachtend folgen kann. Wenn du bisher in der Lage warst, viel zu viele zweifelnde, ärgerliche, frustrierende Gedanken zu denken, dann bist du auch in der Lage, das Gegenteil zu denken. Willst du das? Wenn du es wirklich willst, dann kann's ja losgehen.

Seelenziel (A)

Es gibt viele Ziele für dich, die, gemessen am persönlichen Energiegewinn, in verschiedene Kategorien eingeteilt sein wollen. Jene Ziele, die deiner Seele dienen und sie nähren, bringen dir mit Sicherheit den größten Zuwachs an Energie und die wunderschönsten Gefühle. Erstens gibt es ohnehin nichts Wichtigeres als das Wohlergehen deiner Seele und zweitens baut dich ein kräftiger Energieschub fühlbar auf.

Wie findest du nun dein Seelenziel? Zufriedenheit zum Beispiel ist ein Gefühl, das deine Seele nährt, wie ohnehin alle positiven Gefühle Balsam für deine Seele sind. Nehmen wir einmal an, du willst *den* Beruf ausüben, der dir wirklich auf den Leib geschrieben ist, den du nicht nur als Arbeit oder Job empfindest, sondern den du von Herzen gern jeden Morgen neu ausüben würdest. Ein Beruf, in dem du aufgehen kannst. Mit diesem Beruf verbindest du das Gefühl *Freude* und nicht länger *Plackerei, Frust* oder *Wie lange denn noch?*.

Warum übst du diesen Traumberuf noch nicht aus? Weil du nicht glaubst, dass er Wirklichkeit für dich werden kann. Weil sich deine Energie verzettelt, nicht zielgerichtet ist und daher wirkungslos dahinschwabbelt. Erinnere dich: Energie will *arbeiten*. Damit sie das kann, musst du sie lenken. Das Pferd will auch gelenkt sein, wenn du es reitest, sonst geht es dir durch und du landest irgendwo. Wenn Energie nicht arbeiten kann, wird dies unvermeidlich in Energieverlust enden, und das geht so: Morgens stehst du mit dem Gedanken auf, dass du heute schon wieder zur Arbeit musst (Energieverlust). Dann steckst du im Verkehr fest und fühlst dich genervt (Energieverlust). Nun arbeitest du den ganzen Tag, siehst aber deine Tätigkeit als unbefriedigend an (Energieverlust). Du denkst darüber nach, wie gut es doch die anderen haben, die eine Arbeit verrichten, die ihnen Freude macht, aber du hast diesen miesen Job (Energieverlust). Abends kommst du ziemlich fertig nach Hause und fühlst dich frustriert (Energieverlust). Du hockst dich vor den Fernseher, konsumierst Ablenkung und trinkst ein Bierchen zu viel (Energieverlust). Mit welchem Gefühl du am nächsten Morgen aufstehst, ist klar. Dass sich auf diese Weise in deinem Leben nichts verändern kann, ist ebenfalls klar. Dann lebst du nicht selbst, sondern deine schlechten Gedanken und dein Selbstmitleid leben dich. Der Preis ist Lethargie und Frust. Willst du so leben? – Wenn nein, entscheide: Ich werde es ändern! Jetzt. Hier. Sofort.

Nehmen wir an, dir stünden 70% frei fließender Energie zur Verfügung:

- Wie viel Prozent leitest du nun bewusst in dein wichtigstes Ziel?
- Wie oft widersprichst du deinem Zweifel?
- Wie viel bewusste Selbstdisziplin führst du in die Beobachtung und Lenkung deiner Gedanken?

- Wie oft denkst du, dass du alles schaffen kannst, was du willst?
- Wie oft lobst du dich selbst für deine Fortschritte?
- Wie oft bist du zufrieden mit dir und siehst aber auch deutlich, wo du noch stärker werden kannst?
- Ist dein wichtigstes Ziel dein Leitgedanke über den ganzen Tag?
- Glaubst du immer mehr an dich?
- Willst du dein Ziel mittlerweile immer stärker erreichen? Lässt dich die ansteigende Energie deine momentane Arbeit mit mehr Freude verrichten, und hast du deine Urteile und Bewertungen über dies und das bereits vermindert?

Dein A-Ziel, das Seelenziel, ist das wichtigste Ziel in deinem Leben, also bekommt es auch die oberste Priorität und die meiste Energie. Setz dich täglich mehrfach ein paar Minuten hin und mal dir aus, wie du dich fühlen wirst, wenn dein Ziel Wirklichkeit geworden ist. Sei bereit zu glauben, dass der Unaussprechliche deinen Wunsch bereits in dem Moment erfüllt hat, in dem du dich bewusst mit *Seiner* Kraft verbindest und bereit bist, ein Schöpfer zu sein. Sieh das Ziel in deiner Vorstellung als bereits erreicht an. Du musst es so stark wollen, dass du das Bild vor deinem inneren Auge sehen kannst und bereits fühlst, wie du agierst, entscheidest und deine Arbeit mit Leidenschaft und Freude erfüllst. Lass dieses Bild so plastisch werden, dass du es malen könntest.

Jetzt wird sich deine Energie verändern – du bist dabei, dir dein Ziel zu erschaffen, und du kannst es bereits fühlen. Wenn morgens der Wecker klingelt, lenkst du sofort deine Gedanken auf dein Ziel, holst dir das Bild der Vollendung vor dein geistiges Auge und bestärkst dich in dem Gedanken, dass du erreichst, was du willst. Richte alle Kraft in dieses Bild und wenn du zur Arbeit fährst, lass dich nicht nerven, sondern hole immer wieder dein inneres Bild herbei. Während des Tages erledigst du deine momentane Arbeit – immer mit dem Bild im Herzen. Was immer du tust, dein Bild begleitet dich. Halte daran

Mit dem inneren Bild die äußere Wirklichkeit verändern.

fest, lass keinen Zweifel zu, und lass dich von deinen immer noch zweifelnden Mitmenschen nicht irritieren. Du schaffst es, sei gewiss.

Mit jedem Tag wirst du dich stärker fühlen und das Leben macht dir bereits vor Erreichen deines Zieles sehr viel mehr Freude. Bleib dran. Ausdauer und Beharrlichkeit tragen dich weiter, innere Überzeugung und fester Wille unterstützen dich. Im Ziel wirst du wissen:»Ja, ich bin ein Schöpfer!«

Persönliche Ziele (B)

Diesen Zielen gibst du selbst eine geringere Wertigkeit, sie betreffen den Tagesablauf und das Alltägliche.»Ich will heute eine besonders gute Mutter/ein besonders liebevoller Vater sein.« Oder:»Ich werde heute mal sehr nett zu Herrn Müller sein, er wird mich heute nicht nerven, weil ich es einfach nicht will.« Oder:»Ich werde mir ein neues Auto kaufen.« Oder:»Ich will prüfen, ob ich mein Geld nicht besser anlegen kann.«»Ich will Theaterkarten besorgen«, usw. In diese und ähnliche Ziele investierst du erst Energie, wenn du dein A-Ziel kräftig gefüttert hast.

Verliere aber dein Seelenziel nie aus dem Auge, während du deine persönlichen Ziele verfolgst. Hast du an einem Tag nicht genügend Energie zur Verfügung, dann sei auch bereit, dein B-Ziel für den heutigen Tag zu streichen Lass diese alte

Version des normalen Lebens einfach nicht länger zu, die da sagt: »Ich muss das heute unbedingt noch schaffen.« Höre auf, dich zu zwingen und zu kasteien. Du bist zu edel für eine solche Behandlung. Schenk dem Lichtmenschen deine Aufmerksamkeit und erlaube dem Licht zu wirken.

Sachliche Ziele (C)

Deine sachlichen Ziele haben ein gemeinsames Merkmal: Ob du sie heute oder morgen erledigst, bringt keinen qualitativ spürbaren Unterschied in dein Leben. »Ich will den Wagen waschen, der sieht ja schrecklich aus!« Oder: »Ich will noch zum Einkaufen.« Oder: »Ich sollte noch in die Reinigung,« usw., usw.

Aber gerade in diesen sachlichen Zielen liegt die Energiefalle. Schreib keine endlosen Listen von C-Zielen, die du abends dann doch nicht geschafft hast, und übertrag nicht den Rest von heute auf den Zettel von morgen. Nimm das zu schnelle Tempo aus deinem Leben. Hetz dich nicht ab. Renn nicht »mal schnell« zum Bäcker oder wohin auch immer. Wenn du so lebst, bist du abends völlig *außer dir* und hast deine Energie in Ziele versprüht, die dir energetisch überhaupt nichts bringen.

Nimm dir wenig vor, und geh dann den nächsten Schritt. »Was du nicht schaffst, schafft dich!« Spiel das Spiel nicht länger. Es ist dein Leben. Es kann so wunderbar sein. Schütte dir nicht selbst Essig in den kostbaren Wein.

Kleine Energiespender

Bevor du abends zu Bett gehst, nimm dir noch ein paar Minütchen Zeit und denk über den bereits fast vergangenen Tag nach. Auch wenn es sehr spät geworden ist, schlaf nicht ein, ohne wenigstens ein oder zwei Fragen für dich beantwortet zu haben. Die aufbauende Energie wird während der Nacht für dich arbeiten und wenn du magst, kannst du dir ein paar Fragen aussuchen, mit denen du am nächsten Morgen den Tag beginnen willst. Alle Fragen bringen dir Gefühle wie Stolz, Dankbarkeit, Freude, Begeisterung, Vorfreude, Tatendrang.

Abend-Fragen:
- Was habe ich heute zu meiner Zufriedenheit erledigt?
- Was habe ich heute für mich gelernt?
- Will ich mich für meine heutige Leistung loben?
- Wie oft war ich heute für andere da?
- Wie oft waren andere heute für mich da?
- Bin ich stolz auf mich?
- Darf der nächste Tag noch besser werden?

Morgen-Fragen:
- Worauf freue ich mich heute?
- Worüber bin ich glücklich in meinem Leben?
- Wofür bin ich dankbar?
- Was erfüllt mich?
- Was habe ich mir selbst versprochen, weiterzuverfolgen ...?
- Wen liebe ich? Wer liebt mich?

Wenn du auf den vergangenen oder kommenden Tag schaust, dann sei ein liebevoller Betrachter, ein vertrauensvoller Schöpfer und kein strenger Richter. Schaff deine Urteile über dich selbst ab, denn du urteilst ja niemals, weil du Recht, sondern weil du Angst hast.

Erhebst du diese oder ähnliche Fragen zu deinem täglichen Ritual, wirst du sehr schnell bemerken, dass dir mehr und mehr Energie zufließt. Dein Lebensgefühl steigt und deine Perspektiven für die Zukunft öffnen sich weit. Du kommst dir selbst immer näher und kannst es kaum erwarten, dich wieder und wieder aufzubauen, so sehr freust du dich an dir.

Wir begrüßen jeden neuen Tag mit diesem Gedanken:

>*Welch ein Geschenk.*
Ich beginne jetzt ein Liebesverhältnis
mit diesem neuen, wunderbaren Tag!
Danke, dass ich das sagen kann.
Danke, dass ich das fühlen kann.
Ich liebe mein Leben. Ich liebe mich.
Ich bin das Licht.«

Energiequelle Vergebung

9

Der größte Heiler aller Zeiten

Die Natur dieser Erde liebe auch ich, Suzan, besonders, und sie schenkt mir stets Kraft und vermehrten Frieden, wenn ich bei Spaziergängen mit ihr intensiv in Verbindung trete. An einem herrlichen Sommertag spaziere ich durch meine geliebten Isarauen und genieße in vollen Zügen den prachtvollen Anblick.

Wie schön ist doch diese Erde! Ich fühle mich glücklich und bin voller Dankbarkeit. Dann fällt mein Blick auf einen Grillplatz, der nicht aufgeräumt wurde, Bierflaschen und Limodosen liegen kreuz und quer.

Sofort ändert sich meine Stimmung, denn mein Verstand legt los. Er hat eine Menge Urteile und Bewertungen bereit und kann wirklich nicht verstehen, wie es möglich ist, dass andere Menschen ihren Müll nicht entsorgen. Er lamentiert und schimpft so laut, dass ich sofort wütend und verärgert bin, in mich hineinschimpfe, während ich weitergehe. Die herrliche Stimmung ist verflogen. Statt Frieden fühle ich deftige Wut, würde am liebsten laut vor mich hin wettern und diesen Typen mal richtig die Meinung sagen.

Die innere Stimme meldet sich laut und unüberhörbar zu Wort:»Halt doch mal die Luft an. Wie wäre es, wenn du zurückgehst und den Platz aufräumst?« Einen Moment fühle ich, dass es viel sinnvoller wäre, den Unrat aufzuräumen, egal, wer den Müll dort hinterlassen hat. Aber schon ruft der Kopf:»Also das wär ja noch schöner! Wieso sollst du aufräumen, was andere versaubeuteln? Soll sich doch jemand anders kümmern.«

Oh, wie ich diese Stimme aus alten Tagen kenne! Es ist die Stimme der Vergangenheit, die der alten, überholten Programme. Aber sie quasselt immer noch. Sie brabbelt immer noch dazwischen und beschert mir augenblicklich ein krankes Gefühl. Mein rationaler Verstand macht sich immer wieder mal selbstständig und erzählt mir Geschichten, die scheinbar wahr sind, die mir aber jedes Mal das Gemüt verdüstern, weil es schmerzhafte, trennende Gedanken sind.

Nein, ich will gar nicht erst wieder damit anfangen. Obwohl mein Verstand sich heftig sträubt, knurrt und mault, gehe ich langsam zurück und denke:»Ich will es trotzdem tun. Ich will den Müll nicht einfach liegen lassen, als hätte ich ihn nicht gesehen.« Also sammle ich die Bierflaschen ein, bringe sie zum Abfallkorb und versorge auch die Limodosen. Kaum bewältigt, erscheinen die guten Gefühle wieder in mir. Freude fügt sich noch ein – ich bin stolz, mich so entschieden zu haben. Ich habe den hilfreichen Gedanken gewählt und bin mir selbst dankbar für diese Entscheidung.

Alles, was ich aus Überzeugung tue, heilt mich.

Während ich weitergehe, kommen die Erinnerungen. Als junges Mädchen hatte ich meinen Kopf auch nicht beim Aufräumen, sondern der Spaß war wichtig, das Verliebtsein und die Gemeinsamkeit in der Gruppe. Obwohl mich meine Mutter durchaus zur Ordnung erzogen hatte, war ich nicht willens, entsprechend zu handeln. Aufräumen erschien mir nicht nur unwichtig, sondern unsinnig. Heute kann ich plötzlich sehen, dass ich mich tatsächlich damals schon im Inneren für diese Handlungen verurteilt hatte, weil ich sehr wohl gefühlt hatte, was recht war und was nicht. Aber ich wollte aufbegehren, wollte so sein wie alle anderen. Mein heutiger Ärger, mein Zorn sind also nichts anderes als eine Projektion meiner eigenen Schuldzuweisung und meiner Urteile über mich, der Ausdruck meines schlechten Gewissens. Und so habe ich mir nun selbst eine gute Lektion erteilt, mich vom Schuldgefühl aus der Vergangenheit gelöst und mich von meinen Selbsturteilen befreit.

Der Vorfall ist mir haften geblieben, fühlte ich doch wieder einmal, wie heilend Vergebung sein kann, wie schnell ich mich gedanklich und energetisch von der Last der Vergangenheit lösen kann, die mir unbewusst immer noch auf der Seele lag. Freude und Wohlgefühl waren die unmittelbare Folge. Der Unrat lag da, damit ich mich befreien konnte.

Wie viel Frieden und Freude könnten wir erschaffen, wenn alle Menschen ihren Ärger mit den Nachbarn, Freunden, Verwandten losließen? Was könnte geschehen, wenn wir uns über die menschlichen Unterschiede nicht mehr aufregen, sondern sie uns gegenseitig verständnisvoll vergeben würden? Was würde geschehen, wenn wir alle verstünden, dass jeder Ärger, jedes Urteil nur der Ausdruck meiner eigenen, in der Vergangenheit liegenden Schmerzen ist, die sich befreien wollen, dies aber nur können, wenn ich mir selbst vergebe? Müssen immer die anderen den Anfang machen? Wie wär's, wenn ich mir selbst den Kick gebe und als Erste/als Erster über meinen eigenen Schatten springe?

Die Kahunas sagen dazu: Wenn du die Seele im deinem Gegenüber erkennst, hilfst du ihm, auch deine Seele zu erkennen. So wird das Licht der Wahrheit in deinem und seinem Herzen angezündet und die Lichter werden sich zu einer Flamme vereinigen. Du erkennst, dass du nicht allein bist und dass selbst auf deinem Weg durch die Dunkelheit der Unaussprechliche mit seiner Liebe bei dir weilt, dir deinen Weg erhellt, wenn du dich entscheidest, das Geschenk der Vergebung zu verteilen. Danken wir dem Unaussprechlichen für das Geschenk, danken wir *Ihm* für *Seine* immer währende Liebe und für *Ihr* Wissen um unsere Heimkehr.

Was macht dich unglücklich ...

Zunächst einmal dein Glauben, dass du Liebe und Glück in der äußeren Welt finden wirst – so, wie du es von deiner Umwelt übernommen hast. Du glaubst, dass Erfolg, soziale Stellung, viel Geld, ein guter Beruf und eine möglichst stattliche Ansammlung materieller Güter dir Zufriedenheit und Glück bescheren würden. Dieser Glaube endet meist in der Erkenntnis, dass sich innerer Friede und innere Zufriedenheit nicht eingestellt haben. Vielleicht hinterfragst du jetzt das Konzept.

Da sich aber zunächst keine sinnvolle Alternative anbietet, erliegst du nun der Versuchung, einen Schuldigen für dein Unglücklichsein zu suchen. Dein rationaler Verstand schaut sich um und erspäht Menschen, die mehr haben als du und die obendrein auch noch glücklicher zu sein scheinen. Das Schicksal ist schuld oder deine Eltern, deine Schulbildung, die Gesetze, die ganze Ungerechtigkeit. Aber was auch immer der Verstand findet, bringen dir diese Begründungen nun das ersehnte Glück?

Du schaust dich um und meinst, ja, eine perfekte Beziehung, die hat dir noch gefehlt! Wenn du doch nur *den Richtigen* finden könntest, wenn dir doch nur *die Richtige* endlich begegnen würde! Dann würde dein Leben erfüllt sein. Aber kann denn eine Beziehung jemals erfüllt sein, wenn du deinen Partner schon zu Beginn für dein eigenes Glück verantwortlich machst? Wie ist es? Kannst du dich selbst erfüllen? Oder willst du es gar nicht?

Was ist also los? Dein Ego wehrt sich vehement gegen die Wahrheit, dass du in Verbindung mit deiner Seele alles findest, wonach du suchst. Dein Verstand weiß: Du hast dich doch schon glücklich, zufrieden und erfüllt gefühlt! Das hat ihm auch gefallen, denn plötzlich gab es ja viel weniger Stress! Doch sosehr er sich auch bemüht, er kann den Zustand nicht halten, denn er ist von deinen Gefühlen getrennt. Deine Person und ihr Wille vermögen es ebenfalls nicht. Warum? Weil sie im Außen suchen, wo aber dein dauerhaftes Glück nicht zu finden ist.

Da dein Ego gewohnt ist, zu herrschen und dein Leben zu kontrollieren, werden Glück, Frieden, Zufriedenheit, Leichtigkeit und Gottvertrauen suspekt. Es erklärt sie zu Feinden, ist es doch außerstande, dich dorthin zu führen. Dein Ego, dein Verstand, will haben: immer mehr, immer besser, immer teurer und macht dich glauben, dass die ersehnten Zustände möglicherweise auch nach deinem Tod erreicht werden könnten. Mit dem realen Leben hätten sie jedenfalls nichts zu tun. Dies bestehe aus schweren Prüfungen, heftigen Lektionen und vielen knallharten Erfahrungen. Wo soll da Platz für Freude sein, Glück und Zufriedenheit? So ein Unsinn! Streng dich mal lieber an und leiste was Gescheites! Wie lange, fragen wir dich, willst du ihm das Märchen noch abkaufen?

»Ja wo kämen wir denn hin, wenn Leichtigkeit so leicht zu erreichen wäre?«, murrt der Verstand.

Solange du es kaufst, hat er ein paar weitere Trümpfe im Ärmel: Da das Glück im Außen nicht zu finden ist, findet er umso mehr Schmerz. Das Leben ist gefährlich, hörst du. Du musst dich absichern, denn was geschieht, wenn du einen

Unfall hast? Oder unheilbar krank wirst? Die Angst vor der Zukunft sitzt dir im Genick. Du denkst in Angst und wirst deine Angst verstärken – wartest nun beinahe darauf, dass etwas passiert. Das Programm *negativ* läuft und du wirst immer unzufriedener, empfindest dein Leben als leid- und mühevoll, suchst Trost in dem Gedanken, dass du dich tapfer schlägst, und bald bist du ins Leiden verliebt. Du lebst als Misanthrop. Überall findest du Leute, die Mist bauen, dummes Zeug produzieren oder sich unmöglich benehmen. Die Welt ist grau, nichts Gutes mehr zu finden. Du bist bereits so unglücklich, dass dir nur das selbst gemachte Rechthaben vorübergehend den Schmerz erleichtert. Die Spirale dreht sich so lange weiter, bis du ihr eine andere Richtung gibst ...

... oder augenblicklich glücklich?

Vergebung ist der Ausweg. Mit der Geschwindigkeit eines Herzschlags kannst du die Idee sausen lassen, dass du dein Glück im Außen findest. Mit einer winzigen Veränderung der Perspektive kannst du deine Gedanken beenden, Opfer des Schicksals und der Umstände zu sein. Einen Herzschlag entfernt wartet die Erkenntnis auf dich, dass du damit aufhören darfst, dauernd einen Schuldigen zu suchen für deine schmerzhaften Gefühle, deinen Zorn auf dich selbst. Einen Augenblick weiter möchte dich die Freude wieder finden.

Du kannst deine Lichtnatur umarmen und herausfinden, dass aus dieser Quelle schon immer deine Liebe und deine Zufriedenheit flossen. Es ist schon in dir – du kannst aufhören zu suchen – du hast gefunden!

Vergebung kann jeder lernen – egal, wie alt er ist und was er gerade in seinem Verstand glaubt, wie er seine Vergangenheit erfahren oder wie er sich und andere bisher behandelt hat. Vergebung ist ein Geschenk, das dir für alle Zeiten mitgegeben ist. Mit ihrer Hilfe kannst du immer und unter allen Umständen Leid, Schmerzen und Angst heilen. Vergebung ist die Brücke, die Verbindung zurück zu deiner Seele. **Vergebung schafft augenblicklich Frieden.** Sie ist das einzige Geschenk, das nichts zurückerwartet. Verschenk das Geschenk und nimm es an, wenn es dir gereicht wird – egal, von wem. Vergebung wirkt wie ein Wunder in dieser Welt – denn sie gehört nicht zu dieser Welt. Sie kommt aus der Quelle des zeitlosen Lebens, ist ein Aspekt des Unaussprechlichen.

Verschenke Vergebung, sooft du willst, sie wird immer mehr werden und die Dunkelheit erhellen. Vergebung kannst du nicht bei dir behalten – sie will verschenkt sein – von einem zum nächsten gereicht – wie konzentrische Kreise sich ausbreitend und schließlich die Welt heilend. Du musst sie verschenken, wenn du sie behalten willst. Sie ist der größte Heiler aller Zeiten und wird es immer sein.

Mit Vergebung kannst du die Tür zu jeder Seele öffnen. Es gibt keine Situation, in der Vergebung nicht gegeben oder empfangen werden könnte. Mit Vergebung kannst du immer wieder neu entscheiden, immer wieder neu denken, neu sprechen, neu handeln und dir die vorausgegangenen »fehlerhaften« Entscheidungen selbst vergeben. Nur so kannst du fortschreiten. Du suchst so viele Erfahrungen auf deinem Weg, so viele unterschiedliche Tiefen. Doch niemals ist eine Erfahrung ein Fehler – sondern ein nächster Schritt zu größerem Verständnis. Auch wenn dein rationaler Verstand hartnäckig daran glauben will – lass die Idee los. Befreie dich und vergib dir. Du hast keine Fehler gemacht – du hattest Angst und konntest weder klar fühlen noch sehen – und daher nicht klar entscheiden. Du erforschst diese Welt und bist bemüht, durch Versuche und Irrtümer die ewigen Gesetze zu verstehen. Sei bereit, auf deinem

Es gibt keine Fehler – nur Erfahrungen. Weg zu lernen, und benutze dein Werkzeug – vergib dir alles, vergib anderen alles.

Die Vergebung ist immer mit dir. Erst suchst du in der Dunkelheit, dann nimmst du die Vergebung entgegen und findest das Licht. Sodann nimmst du das Licht und erhellst dir selbst den Weg zurück in den lichten Raum deiner Herkunft. Die Vergebung befreit dich, sobald du sie aussprichst. Wenn du dich und den anderen wieder in dein Herz lässt, heilt jeder Schmerz. Öffne das Gefängnis, in das du all deine schmerzlichen Erinnerungen deiner Vergangenheit gesperrt hast, und vergib. Bring mit diesem göttlichen Geschenk Licht in die dunklen Winkel deiner Seele und gleichermaßen in die der anderen.

Gefangene Gedanken ...

Das Ego meint immer, wir müssten uns rechtfertigen, am besten verteidigen. Schau bei dir selbst nach. Was rät dir dein Verstand, der von Natur aus nicht verzeihen kann, wenn es darum geht, dich vor weiterem Schmerz zu schützen? Du hast gelernt, den anderen zu strafen, um ihn abzuschrecken. Kampf ist das Motto des Verstandes und Angriff die beste Verteidigung. Es ist seine Natur, er dient dir als Werkzeug, die Dunkelheit zu erfahren.

Bevor du dem Wunsch deines Herzens folgen kannst, das nur allzu gerne verzeihen möchte, weil der Ballast so schmerzt, wird dir dein Kopf erstklassige Argumente liefern, damit du bloß nicht auf die Idee kommst, zu verzeihen.

Dann könnte er doch nicht mehr kämpfen, du würdest ihm einfach nehmen, was er am besten kann und am liebsten betreibt. Er wehrt sich. Dein Verstand ist nicht böse oder schlecht – sondern er setzt wertfrei und konsequent um, was er gelernt hat. Das ist alles.

Was also wird er dir sagen, was wirst du hören?

- Dieser Mensch hat mich wirklich verletzt. Ihm geschieht mein Ärger ganz recht und der Liebesentzug wird ihn lehren, in Zukunft vorsichtiger zu sein!
- Vergeben ist Sache von Schwächlingen.
- Der beste Weg, diesen Menschen auf Distanz zu halten, ist, ihm auf gar keinen Fall zu vergeben!
- Sei bloß kein Idiot. Wenn du ihm vergibst, macht er dasselbe gleich wieder!
- Ihm zu vergeben hieße ja, ihm Recht zu geben. Das wär ja wohl das Letzte!
- Ihm nicht zu vergeben bringt mir die Kontrolle über die Situation zurück. Prima. Soll er ruhig schmoren!
- Sehen wir es doch einmal objektiv: *Der* hat doch Unrecht! Was soll ich da vergeben?
- Wenn ich das verzeihe, was dieser Mensch Schreckliches getan hat, bin ich ja selbst nicht besser!
- Rache ist süß. Ich verzeih ihm niemals. Das ist meine Revanche!
- Wenn ich vergebe, wie stehe ich denn da? Nein, niemals.
- Ich kann mir das niemals verzeihen, was ich da getan habe.
- Ich habe es nicht verdient, jemals wieder glücklich zu sein. Ich habe mich benommen wie ein Schwein.
- Das geschieht mir ganz recht. Ich hab's nicht anders verdient!
- Ich kann mir schon vorstellen, dass ich mich besser fühlen würde, wenn ich vergeben könnte. Aber ich weiß ja nicht, wie! Usw., usw. ...

Kein Wunder, dass es dir häufig schlecht geht, wenn du diesem Denken Raum gibst. Es mag sogar sein, dass die durch deine stereotypen Gedanken blockierte Energie bereits zu körperlichen Symptomen geführt hat. Wenn du beispielsweise oft Kopfschmerzen hast, Rücken- oder Nackenschmerzen, Magenbeschwerden oder Verdauungsstörungen, wenn Energielosigkeit, Angstattacken oder Schlafstörungen zunehmen, dann schau einmal in aller Ruhe nach, ob du nicht einem Menschen vergeben willst, dem du bislang nicht vergeben konntest.

Nimm dir Zeit und betrachte das Ganze ein paar Wochen. Schlechte Erinnerungen an Menschen, die immer wieder in dir hochkommen (vielleicht auch in Träumen), sind ein Indiz, dass du dich vielleicht intensiv mit der Frage beschäftigen willst, über Vergebung und eigene Befreiung nachzudenken.

... oder befreite Gefühle?

Vergebung ist, wie wir gesehen haben, ein Geschenk – fordert aber immer den Willen auf, wirklich bereit zu sein, die schmerzhafte Vergangenheit hinter sich zu lassen, über den eigenen Schatten zu springen. Sie will deine Entscheidung, dein eigenes Leiden zu beenden, dein Herz und dein Gemüt zu heilen, und möchte die Reaktion beenden, andere oder dich selbst zu verletzen.

Sie will deine Augen öffnen für die Tatsache, dass jeder Mensch ein Aspekt des Unaussprechlichen ist, so wie du auch; dass jeder Mensch seit langer Zeit Liebe und Verständnis sucht, so wie du auch. Du bist kein Richter – sondern gleichermaßen eine suchende Seele, mit Angst und Panik des Egos behaftet – wie jeder andere auch. Du bist nicht schuldig, sondern dir deiner lichten Seele noch nicht voll bewusst, wie jeder andere auch.

Zu vergeben bedeutet, in dir Mitgefühl für den anderen zu erwecken, Zärtlichkeit und Verständnis für seine Angst, die du doch selbst so gut kennst. Vergebung fordert dich heraus zu sagen: »Ich kann dich verstehen – weil ich deine Angst fühlen kann«, anstatt zu beurteilen oder zu verdonnern. Vergebung will dir helfen, die Trennung zu überwinden, unter der du selbst am allermeisten leidest – wie jeder andere auch. Vergebung lädt dich ein, den ersten Schritt zu tun, damit der andere den zweiten folgen lassen kann.

Durch Vergebung gewinnst du, wonach sich dein Herz sehnt: Angst, Ärger, Hass und Zorn verschwinden und verwandeln sich in Liebe und Verständnis füreinander. Menschliche Nähe ist eingekehrt, es menschelt wieder. Du hast die Schatten der Vergangenheit abgestreift und atmest auf. Die Wunden dürfen jetzt heilen. Alles ist gut, du fühlst die Liebe des Unaussprechlichen, die dich einhüllt und schützt, trägt und führt. Du fühlst dich eins mit dir selbst.

Verlass die Autobahn des Leidens und nimm den Wiesenweg des Glücks.

Aufhören zu kämpfen

Du fragst, warum es immer wieder Kriege gibt? Warum nach Tausenden von Jahren immer noch kein Frieden herrscht? Warum die Menschen scheinbar nichts aus der Geschichte lernen wollen? Nun, weil ihr es so wählt! Weil der Krieg in euch selbst ist! Weil ihr in einem Meer der Verwirrung lebt!

Deine Person, dein Ego, dein Verstand wollen dir ursprünglich dienen, damit du während deines Lebens die Liebe, die du als Mensch ja ständig suchst, durch dein Denken, Sprechen und Handeln aktiv und bewusst aus dir selbst hervorzuholen lernst. Deine Seele will einen Ozean warmer Gefühle kreieren: Freude, Schutz, Verständnis, Nähe, Liebe, geben, teilen, einfach sein. So lebst du im Reinen mit dir, den Menschen und natürlich auch mit dem Unaussprechlichen. Anders lernst du deine höhere Natur nicht kennen.

Person und Ego sind jedoch auf dieses Seelenprogramm noch nicht umgestellt. Der rationale Verstand ist zu dominant erzogen und verdrängt, dass du deine emotionale Realität selbst miterschaffst. Du bist Kämpfen gewöhnt, Durchsetzung, Rechtfertigung und Verteidigung, willst dir und anderen beweisen, wer du bist und was du hast. Dabei geht es stets um Vermögen oder Macht, die für die Seele keinerlei Bedeutung haben.

Die Seele möchte dich über deine isolierte Individualität emporheben und dir die innere Gewissheit schenken, dass du Teil einer größeren, allumfassenden Kraft bist, und dich einweisen in die Möglichkeiten, diese grenzenlose, universelle Kraft in deinem Leben einzusetzen und zu nutzen. Dein Leben hört auf, anstrengend zu sein, wenn du beginnst, dich ebendieser Kraft anzuvertrauen.

Aber der gut trainierte Verstand hat Angst, deine Seele hingegen vertraut, weil sie weiß. Die rationale Ebene glaubt zu wissen. So entsteht innerer wie äußerer Krieg und der hält an, bis eine Entscheidung zugunsten der Seelen-Sehnsucht fällt: Vertrauen – Loslassen – Frieden finden. Ein echter geschichtlicher Tiefpunkt, wie ihn jeder Krieg darstellt, ist aber immer auch ein Umkehrpunkt, weil er in neues Denken führen will, zurück in die Wärme und das Verständnis des Herzens, zurück in den Reichtum, der alle Menschen glücklich macht.

Wir haben hier auf den Hawaii-Inseln ebenfalls Kriege erlebt, die wir nicht begonnen hatten. Doch unsere Weisen erinnerten uns immer wieder daran, nicht mit gleichen Mitteln zu antworten. Wir entschieden uns Tag für Tag neu, dem Weg unserer höheren Natur zu folgen, und wählten den Frieden – den Frieden in uns. Ihr könnt nicht für den Frieden kämpfen oder warten, bis er kommt. Ihr könnt nur Frieden sein. Wenn ihr diese Entscheidung trefft, überlasst ihr euch dem Unaussprechlichen und seiner alles umfassenden Liebe. Wenn ihr diese Entscheidung trefft, gebt ihr dem göttlichen Plan Raum auf der Erde ...

Ein friedliches Herz will keine Kriege führen.

Aber viele Menschen wollen nicht an ihre eigene embryonale Göttlichkeit glauben, zögern, den innewohnenden geistigen Kräften zu vertrauen. Sie ziehen es vor, mit den Aspekten von Ungerechtigkeit, Geld und Macht, Krieg und Krankheit so beschäftigt zu sein, dass sie gar nicht bemerken, wie sehr diese Gefühle von ihnen selbst Besitz ergreifen und den Frieden aus dem eigenen Herzen vertreiben. Sie manövrieren sich selbst in einen energetischen Mangelzustand, der dann zum Nährboden für Aggression und Vergeltung wird.

Wäre der von uns allen ersehnte Frieden nicht ein kleines Risiko wert? Wie viel Risiko bedeutet es für dich, felsenfest daran zu glauben, dass der Frieden auf der Welt mit dem Frieden in dir selbst beginnt? Was hindert dich, ihn fester und entschlossener als alles andere zu wollen? Du willst den Frieden? Nun, was bist du bereit dafür zu geben? Was willst du deinen Kindern sagen, wenn sie dich fragen, was du für den Frieden tust? Liebst du deine Kinder? Ja? Nun, dann gib alle Kraft dem Frieden. In dir!

Entscheide dich für die Befreiung. Wenn Frieden in dein Herz kommt, dann hast du verstanden, dass dich jeder einzelne deiner Gedanken einsperren oder aber befreien kann. Alle schmerzhaften, Energie raubenden Gedanken kannst du verwandeln in solche, die dich nähren und aufbauen. Beginne damit, dir selbst zu vergeben: all deine gedachten Fehler oder Versäumnisse, all deine gedachte Schuld und die Gewissensbisse.

Die Zeit ist reif für die nächsthöhere Stufe menschlicher Evolution: für ein Gruppenbewusstsein in Würde unter Wahrnehmung der Individualität und des freien Willens einerseits und andererseits in der gemeinsamen Absicht verbunden, Respekt, Ehre und Verständnis in sich selbst zu entwickeln, um diese zutiefst menschlichen Gefühle auf alle Mitmenschen auszustrahlen.

Wenn konkurrierendes Denken, Eifersüchteleien und persönliches Vorteilsdenken sich wandeln zu der Erkenntnis, dass wir alle Erdenbürger, alle Geschöpfe einer alles durchdringenden Kraft sind, werden sich Tore öffnen, die der rationale Verstand einfach nicht denken kann. Sich mit dieser Kraft wieder zu verbinden bedeutet, aus der eigenen, höheren Natur zu leben und neue, scheinbar unmögliche Ergebnisse einzuleiten.

Nennt diese Kraft Gott, den Unaussprechlichen, das Licht oder einfach nur universelle Energie – das spielt keine Rolle. Aber verbündet euch mit ihr. Erlaubt dem Unaussprechlichen, euch auf diese Weise die Lösungen zu zeigen, die ihr mit eurem rationalen Verstand vergeblich sucht. Lauft nicht länger im Kreis, auf Besserung hoffend. Tut etwas! Nehmt

Vergebung als euer Geschenk und verschenkt es. Nehmt eure höhere Natur an und lebt sie! Öffnet eure Herzen weit und vergebt insbesondere jenen, die noch nicht bereit sind, die nicht verstehen wollen. Wenn wir gemeinsam um vermehrte Einsicht bitten, werden sich Wege öffnen, die unser Verstand nicht denken kann, aber unsere Herzen erkennen können. So wird es sein!

Bumerang-Effekt, ade!

Sei zärtlich und liebevoll zu dir selbst. Du kannst dich nicht zwingen, deinem Erzfeind jetzt und sofort vollkommen zu vergeben. Das wäre erneuter Kampf. Aber öffne dein Bewusstsein für die Möglichkeit, dass du ihm, wenn du wirklich bereit bist, vergeben wirst. Hab Geduld mit dir – hilf deinem rationalen Verstand, ruhiger zu werden, und lass ihn wissen, dass du nicht mehr bereit bist, weiterhin zu kämpfen, weil das für deine Seele keinen Sinn ergibt. Du kannst dich sanft unterstützen, indem du dir die folgenden Ideen immer wieder einmal durch den Kopf gehen lässt, besser noch durch dein *Herz*.

- Sei offen für die Idee, dass du nicht nur ein Mensch bist, und werde neugierig auf den Teil, den du noch gar nicht kennen gelernt hast.
- Finde keinen Geschmack mehr an Selbstmitleid.
- Finde es langweilig, immer Fehler zu suchen.
- Willst du lieber glücklich sein – oder lieber Recht haben?
- Gib der Idee Raum, dass Leben und Liebe eins sein könnten und ewig währen.
- Verlier mal den Spaß daran, immer ein Opfer zu sein.
- Glaub daran, dass du es verdient hast, glücklich zu sein.

- Finde keinen Sinn mehr in Selbstbestrafung.
- Fühle deine Erleichterung, wenn du aufhörst zu urteilen!
- Zähl mal auf, was du hast, und nicht das, was dir fehlt.
- Entferne dich vom Leid, weil du genug davon hast.
- Vielleicht ist die Liebe doch das Einzige, das heilt¿¿¿
- Vielleicht attackieren mich die anderen nicht, wie ich meine, sondern suchen wirklich meine Hilfe und mein Verständnis¿
- Könnte es möglich sein, dass dann jeder Mensch in meinem Leben ein Lehrer für mich ist, der mir hilft, mehr über mich selbst zu erfahren¿
- Sei bereit, niemanden und nichts mehr verändern zu wollen, sondern tausche einfach nur deine negativen Gedanken gegen aufbauende.

Vergebung lässt dein Leben leichter werden. Es ist niemals zu früh, aber auch niemals zu spät, damit zu beginnen.

Ho'opono'pono

Täglich in die Harmonie zurückpendeln

In unserer Tradition beginnt der neue Tag mit dem Sonnenuntergang. Etwa eine Stunde zuvor suchen wir das Wasser auf. Wenn wir in der Nähe des Ozeans leben, werden wir zum Strand kommen, in den Bergen suchen wir Bäche, Wasserfälle oder kleine Seen auf, um uns im Wasser zu reinigen, denn Wasser ist viel bedeutsamer, als ihr vielleicht glaubt.

Wasser hat ein Gedächtnis, und aus unserer natürlichen Sicht betrachtet, trägt es das gesamte Wissen von der Entstehung dieses Planeten, es kennt *den Plan des Lebens* und trägt die Information der *Liebe*, so, wie wir sie verstehen. Es kann zusätzliche Informationen aufnehmen, sie speichern und an uns wieder abgeben.

Wir suchen das Wasser auf, weil wir uns entlasten und reinigen wollen – von all den belastenden Reizen, die wir während des Tages aufgefangen haben. Du weißt ja, dass alle Menschen zu mehr als zwei Dritteln aus strukturiertem Wasser bestehen – ebenso wie der Planet Erde.

Das lebendige Wasser umspült uns und wir reinigen uns in dem bewussten Gedanken »Alles, was nicht mehr zu mir gehört und was ich für mein weiteres Wachstum nicht mehr benötige, fällt jetzt von mir ab. Ich neutralisiere es, damit es niemanden mehr beeinflussen kann.« Wir verbinden uns bewusst mit den Ur-Informationen des Wassers. Und während wir so für etwa 10 Minuten verharren und die Gedanken halten, erinnert das *äußere Wasser* das

Das Wasser kennt den Plan des Lebens.

innere Wasser an die Einheit, an die Liebe und spült die Illusion der Trennung fort.* Völlig erfrischt, geklärt und voller Freude danken wir dem Unaussprechlichen, dass er alle notwendigen Hilfsmittel bereitstellt, während wir durch unser Leben, mitunter auch durch die Dunkelheit wandern. *Seine* Liebe ist überall – *Sie* ist immer mit dir, sobald du dein Herz öffnest, erkennst du *Es*.

Wir haben die Schwingungen der Umwelt mit all ihren Ängsten, Nöten, Sorgen abgespült und neutralisiert. Vielleicht aber waren wir heute ein wenig unaufmerksam, vielleicht haben wir uns geärgert oder haben andere, uns abbauende Gedanken zugelassen. So wollen wir weder den neuen Tag beginnen, noch würden wir jemals im Gefühl dieser Disharmonien schlafen gehen. Wir entwickeln aber wegen

---

* Masuro Emoto, einem japanischen Wissenschaftler, ist es nach jahrelangen Forschungen gelungen, gefrorene Wasserkristalle zu fotografieren und zu beweisen, dass Wasser »lebt«. Aus reinem Quellwasser formen sich klare, harmonische Kristalle von unbeschreiblicher Schönheit, während das Leitungswasser der Städte kaum mehr kristallisieren kann. Der Grund für die veränderte, unvollkommene Struktur der Kristalle sind die Informationen, denen das Wasser ausgesetzt ist. Anmutige, formvollendete Kristalle erscheinen, wenn Wasser von harmonischen, aufbauenden Gedanken begleitet wird oder z.B. den Schwingungen einer Sonate von Mozart »lauscht«, während aggressive Gedanken oder die entsprechende Musik tiefe Löcher verursachen und die harmonische Struktur völlig zerstören. (Anm.d.Verf.)

dieses »Fehlers« keine Schuldgefühle oder ärgern uns gar, weil wir uns unachtsamerweise ärgern ließen. Wir folgen unserem bewährten, liebevollen Weg.

Wir leben im Clan, mit vielen Familien zusammen. Nach der Reinigung treffen wir uns zum *Ho'opono'pono*, sinngemäß übersetzt bedeutet es »*mit dem Unaussprechlichen wieder in Harmonie kommen*«. Wir sitzen im Kreis und der Kahuna bereitet das Awa-Getränk in einem Ritual vor (siehe auch S. Wiegel/W. v. Rohr: *Handbuch der Kahuna-Medizin*). Unsere Herzen sind sich einig: Es gibt nur die Liebe, und wenn wir uns – jeden Tag erneut und bewusst – für die Liebe entscheiden, leben wir ein glückliches, sinnerfülltes Leben. Das Ho' opono'pono ist unser *Dankgebet*. Wir wollen das harmonische Gleichgewicht in unserem Inneren unterstützen, sodass die Kooperation mit anderen Menschen und der Umwelt in Liebe und Verständnis geschehen kann. Wir erfahren es als die beste Präventivmedizin: Wo Liebe wohnt, setzt sich Krankheit nicht dauerhaft fest.

Daher lassen wir jetzt unsere Herzen sprechen – und nicht unseren Verstand. Es mag zum Beispiel sein, dass sich meine Frau heute über mich geärgert hat. Unsere Herzensverbindung ist daher leicht vergiftet – eine Situation, die wir niemals so belassen wollen. Sie schaut mir in die Augen und sagt: »Ich habe mich heute über dich geärgert. Bitte verzeih!« Meine Antwort ist natürlich: »Ich verzeihe dir gerne.« Wir verneigen uns voreinander und in unseren Augen kannst du wieder das Leuchten sehen, die Liebe ist wiederhergestellt, weil die Wahrheit laut und vernehmlich ausgesprochen wurde.

Niemals würde meine Frau mit mir diskutieren oder argumentieren, mir vorhalten, warum sie sich geärgert hat. Fühlst du, dass die störenden Schwingungen nur stärker würden? Die Trennung größer? Der Schmerz auch? Niemals würde sie wollen, dass ich mich schuldig fühle. Alles würde nur schlimmer. Meine Frau will auch nicht Recht haben, ebenso wenig wie ich. Warum auch? Das wären die Entscheidungen, die unsere Energie, unser *Mana*, untergraben würden. Warum sollten wir so handeln? Gegen die Wahrheit?

Diese Wahrheit sieht sehr einfach aus: Meine Frau ist mit ihren Gedanken nicht achtsam gewesen. Sie hat sich für eine Weile verleiten lassen, der Stimme ihres Verstandes zuzuhören. In diese Bewusstseinslücke stieß der Ärger. Ein Angriff, dessen Gift und Schmerz sie deutlich wahrnehmen konnte. Weil aber ihre ärgerlichen Gedanken auf mich gerichtet waren, bekam ich auch noch eine kleine Portion Gift ab. Wir meinen, es ist natürlich, dass wir als Menschen immer wieder einmal »ausrutschen«. Dann bleibt nichts weiter zu tun, als das Geschehen wieder in die Liebe zu rücken.

Jeder wird beim Ho'opono'pono jedem sagen, was der heutige Tag an Stolpersteinen brachte – und jeder wird jedem aus vollem Herzen vergeben – kennt er doch die Stolpersteine alle selbst. Auf diese Weise ist es möglich, dass wir herzhaft über uns selbst lachen können und uns vornehmen, morgen wieder aufmerksamer zu sein und uns gegenseitig dabei zu unterstützen. Die Schale, gefüllt mit Awa-Wasser, kreist nun in der Runde, ein jeder gibt seine Liebe hinein und reicht sie weiter. In der zweiten Runde trinkt jeder einen kleinen Schluck aus dieser Schale – die Einzigartigkeit eines jeden und die Liebe aller verbinden sich so mit *Seiner* Liebe. Wir haben uns wieder erinnert, wer wir sind und woher wir kommen. Die Kraft der gemeinsamen Liebe verbindet uns und erschafft innere Freude und Heiterkeit.

Liebe antwortet. Liebe verzeiht. Liebe verbindet. Liebe heilt.

In sehr seltenen Fällen hat ein Mitglied des Clans grob unbewusst gehandelt, sich selbst und den Clan massiv verletzt. Dann sitzt der Betreffende beim abendlichen Ho'opono'pono in der Mitte des Kreises. Jedes einzelne Mitglied des Clans bekommt nun so viel Zeit, wie es benötigt, um die Seele in unserer Mitte an alle guten Taten ihres Lebens zu erinnern. Jeder spricht nur die Wahrheit, beschönigt nichts, aber ein jeder kommt zu Wort und wird alles aussprechen, woran er sich erinnert. Wir loben nicht – wir erinnern. Wir trösten nicht – wir lieben. Wir bauen auf statt ab. Der Erinnerte erinnert sich. Dieses Ritual kann viele Stunden dauern – wir lieben ihn so sehr, dass wir auch Tage im Kreis verbringen würden. Am Ende feiern wir ein großes Fest, die Trennung ist aufgehoben und wir sind alle wieder vereint.

Natürlich kannst du auch die geistige Verbindung zu Menschen aufnehmen, die nicht in der Runde sitzen. Schau, es gibt nur die Liebe und wir wissen, dass sich gegen die wahre Liebe niemand »wehren« kann. Wenn du während des Tages etwas Schlechtes über einen anderen Menschen gedacht hast, bist du nicht böse oder dumm, sondern nur unaufmerksam. Sag dem anderen im Stillen, dass du verstanden hast und nun wachsamer sein willst, weil du aufhörst, zu verletzen – weder dich noch den anderen. Jedes Herz wird dein Angebot annehmen. Jedes. Auch mit geliebten Menschen, die diese Erde schon wieder verlassen haben, kannst du in dieser Weise Verbindung aufnehmen. Die Antwort wirst du in deinem Herzen fühlen.

Nach unserem täglichen Ho'opono'pono beginnen wir mit dem Abendessen, das wir in entspannter und äußerst fröhlicher Atmosphäre genießen. Niemals würden wir essen, ohne uns in dieser Weise gereinigt zu haben, schluckten wir doch all das, was uns belastet, auch noch hinunter. Wir lieben uns selbst, betonen wir immer wieder. Das heißt nichts anderes, als jeden Moment des Tages achtsam zu sein gegenüber dem, was wir denken, sagen und tun.

Später gehen wir schlafen und bitten darum, in unserem Träumen zu erkennen, was unsere Seele am nächsten Tag erfahren will. Wir folgen ihren Bilden und Wünschen, sind glücklich, weil stets eins mit uns selbst.

Segnen

Bevor wir einschlafen, widmen wir uns noch intensiv dem Segnen. Wir genießen unser Glück, wünschen uns aber von Herzen, dass dieses Glück alle Menschen erfahren mögen. Viele von ihnen leben noch in der Illusion der Trennung und so entsteht sehr viel Leidvolles auf dieser Erde. Wir betrachten dies weder als schlecht noch beklagenswert, sondern meinen, dass jede Seele das Recht hat, sich selbst wiederzuerkennen und ihren Weg frei zu wählen. Manch eine Seele geht sehr tief in die Dunkelheit – aber sie wird selbst wissen, warum. Wir wollen uns darüber kein Urteil erlauben, denn wir kennen die Gründe nicht, die sie dazu veranlassen.

Der große Plan ist immer die Liebe, daher wollen wir, die wir dauerhaft glücklich sind, das Leichte, Schöne, Positive vermehren, damit mehr Harmonie auf unserer Erde wohnt. Alles, was dem Menschen dient und ihn darin unterstützt, sich selbst wieder zu entdecken, bedenken wir mit unserem Segen, um das Aufbauende hervorzuheben, zu kräftigen und sichtbarer werden zu lassen. Wir segnen den Ausgleich – und damit wird die Kraft der Liebe für alle Suchenden deutlicher spürbar.

Dieser Segen kann dir in deinem Leben sehr starken Auftrieb geben. Sieh dich um in deinem Leben und du wirst wissen, was du mit deinem Segen verstärken willst. Jeder Gedanke ist ein schöpfender Gedanke – ein Gedanke, der aus der Liebe kommt und die Liebe vermehren will, ist besonders kraftvoll. Du kannst alles segnen – Geld und Materie ebenso wie geistige Frische und inneren Frieden. Was immer dir in deinem Leben begegnet und was immer du für deine Erfahrungen in dein Leben bitten möchtest – segne es. Vermeide Gedanken des Mangels sondern segne, was du ersehnst, und überziehe es mit deiner Liebe. Liebe ist die einzige, die stärkste Kraft. Und je intensiver du zu lieben beginnst, umso schneller ziehst du das in dein Leben, wonach du dich sehnst. Sollte es dennoch nicht erscheinen, kannst du sicher sein, dass deine Seele das Gewünschte nicht benötigt und dir etwas noch Schöneres bringt.

Jedes Quäntchen Liebe, das du dem Bestehenden hinzufügst, ist ein kleiner, strahlender Meilenstein auf deinem Weg. Die schwerfälligen Energien des Egos werden *gelichtet* und du ziehst dich selbst empor. Deine Zweifel und Ängste schrumpfen, Freude und Zutrauen wachsen. Segne mehrmals täglich alles, was aus deinem Herzen kommt, und du wirst dein Leben wirksam beeinflussen und exakt in jene Richtung lenken, in die deine Sehnsucht dich ebenfalls zieht. Deine Ausstrahlung wird heller, dein Lebensgefühl kraftvoller und viele unbewusste Blockierungen lösen sich unaufgefordert auf. Deine Energie vermehrt sich zusehends und du wirst wiederum erstaunt erkennen, dass du tatsächlich ein kleiner *Schöpfer* bist.

Segne das, was dir begegnet. Segne das, was du ersehnst.

Segne den Menschen, über den du dich gerade geärgert hast! Segne seinen Weg, segne seine Familie, segne seine Erkenntnis. Segne die Menschen, mit denen du nicht klarkommst, die dir im Weg stehen oder dich bedrohen. Segne deinen Weg wie den ihren, segne deine Fähigkeit zu lieben und die ihre. Segne deine Einsicht und die ihre. Du wirst erstaunt sein, wie gut du dich fühlst, wenn du deinen inneren Widerstand überspringst und dich aus dem Unwohlsein in den Segen katapultierst. Segne die Situation, die vor dir liegt und dir mächtig Angst einjagt. Segne alle Erfahrungen, die du unweigerlich machen wirst, segne die Chance, dass du sie machen kannst, und segne deine Kraft, sie zu verstehen und zu integrieren. Segne einfach alles, was dir Angst macht, dich beunruhigt oder bedrückt. Wähle die lichte Seite. Du wirst dich blitzartig verändert fühlen. Segne auch die Welt, Mutter Erde, die Kinder, die Kranken und Leidenden. Segne die, die noch Krieg führen, in welcher Form auch immer, und im Kampf gefangen sind. Segne den Frieden im Herzen jedes einzelnen Menschen und segne die Entscheidung eines jeden, dies zu erkennen. Deine Liebe, deine Kraft und dein Entschluss, so und nicht anders zu handeln, bewirken viel – auch wenn dein Verstand erneut nicht versteht, wovon die Rede ist. Doch vor allem segne dich selbst – dein Leben und deinen Weg. Warte nicht darauf, gesegnet zu werden – du kannst selbst damit beginnen. Du bist ein Schöpfer, ein Lichtmensch und wirst es ewig sein.

Reinigungs-Übung

Leider haben wir hier in Mitteleuropa nicht immer einen warmen Ozean zur Verfügung, um uns zu reinigen. Aber auch unter der Dusche oder in der Badewanne können wir das gleiche Ritual nachvollziehen und die gleiche Wirkung erzielen – weil die Absicht vor allem anderen wirksam ist.

Für eine dauerhafte Gesundheit empfiehlt es sich, unbedingt nach der Arbeit und vor dem Abendessen eine kurze – besser noch eine längere – Reinigung ins Tagesprogramm aufzunehmen. Es ist ein liebevoller Akt für Körper und Seele und beide werden es durch gesteigertes Wohlgefühl danken.

Sollte weder Dusche noch Bad in greifbarer Nähe sein, bietet sich in Ausnahmefällen auch die mentale Reinigung an – der Nachteil liegt jedoch darin, dass nach wie vor der Alltag in der Kleidung hängt.

Lass das Wasser über dich laufen und genieße zunächst einmal dieses herrliche Gefühl. Stell dir vor, dass es die Möglichkeit gibt, den Stress des vergangenen Tages nun abrieseln zu lassen, und genieße dieses Gefühl. Nimm dann deine rechte Handinnenfläche und streiche an der linken Körperseite entlang, von oben bis unten, vorne und hinten, während du laut sprichst: »Ich reinige mich jetzt von allem, was mich belastet. Alles, was nicht zu mir gehört und was ich für mein weiteres Wachstum nicht mehr benötige, fließt nun von mir ab. Ich neutralisiere es, damit es niemanden mehr beeinflussen kann.«

Spüre, wie sich der Ballast von dir löst, und achte auf deinen Atem. Tiefes Ausatmen unterstützt die Reinigung. Nimm dann deine linke Hand und reinige deine rechte Körperhälfte.

Genieße dieses Bad in vollen Zügen – und schlüpf dann in frische Kleidung, die deinem neu gewonnenen Lebensgefühl entspricht.

Erziehung aus der Sicht der Kahunas

Immer wieder werde ich, Suzan, gefragt, wie denn die hawaiischen Heiler ihre Kinder erziehen und ob dieses Erziehungsverfahren auch in unseren Breitengraden von Vorteil sein könnte. Die Kahunas kennen kein Verfahren, folgen weder Technik noch Regeln. Denn sie und der Clan, in dem sie leben, erziehen ihre Kinder nicht, wie wir es tun. Sie folgen aber auch nicht dem so genannten antiautoritären Weg, sondern lehren ihre eigenen Kinder und die des Clans durch ihr Vorbild.

Sie entwickeln keine Vorstellungen, wie das Kind zu sein habe und in welche Richtung sie es leiten wollen. Es wird weder etwas ab- noch anerzogen. Das Kind darf wählen und sich frei entfalten, immer begleitet von Akzeptanz und dem Wissen um die Vollkommenheit der Seele. Sie glauben nicht, dass dieses Kind etwas lernen *muss*, sondern dass es lernen will, was der Seele dient, und sie unterstützen mit Vorschlägen, niemals mit Regeln und Zwang. Sie lassen sich immer und unter allen Umständen von der Liebe leiten und rasten niemals aus. Im Folgenden geben die Kahunas ihre Antwort auf meine Frage »Wie erzieht ihr eure Kinder?«.

Die vornehmste Aufgabe, die wir auf dieser Erde übernehmen können, ist das Empfangen einer Seele, die zunächst als Baby auf unserem Planeten erscheint. Wir sind uns unserer Verantwortung sehr bewusst, die wir annehmen, bevor wir ein Baby einladen, in unserer Mitte Gast zu sein. Jeder von uns, nicht nur Vater und Mutter, sondern auch der Clan, sind bemüht, diesem wundervollen Aspekt des Unaussprechlichen eine würdige Begleitung zu sein. Wir empfangen es, wie wir den Unaussprechlichen empfangen würden: mit großer Freude und tiefer Dankbarkeit. Wir versprechen ihm bereits bei der Geburt: »Wir werden dich in Liebe begleiten, wir werden dich wertschätzen und achten, deine Freiheit behüten und uns an deiner Einzigartigkeit erfreuen. Wir sind glücklich, dass du zu uns gekommen bist, und danken dir für diese Bereicherung. Du wirst uns noch mehr über den Unaussprechlichen lehren, wir werden in Andacht lauschen. Wie lieben dich und ehren dich – so sei es.«

Jedes Kind ist eine wissende Seele, die wir auf ihrem Weg begleiten.

Wir sind nicht der Überzeugung, dass wir dieses Kind belehren könnten – denn es weiß in seiner Seele bereits alles. Es kommt, um seinen Weg zu finden, und das, was wir tun wollen, ist, diesen Weg einen leichten, glücklichen sein zu lassen, soweit es dem Plan seiner Seele entspricht. Wir werden das Kind begleiten, es aber nicht führen. Wir werden ihm nicht sagen, was richtig oder falsch ist, sondern es wählen lassen. Wir wollen nicht unsere eigenen Ziele auf das Kind projizieren, denn unsere Ziele sind nicht seine Ziele. Es ist so einzigartig wie jeder von uns Erwachsenen. Es will seine eigenen Erfahrungen sammeln und wir sind liebevoll begleitend zur Stelle, damit dies optimal geschehen kann.

Jedes Kind ist in Wahrheit eine um die bedingungslose Liebe wissende Seele und wir dienen der Seele in erster Linie – natürlich auf diese Weise auch dem Kind. Es wird in unserer Tradition niemals ein Kind geben, das nicht willkommen ist. Ein Teil des Unaussprechlichen ist damit unter uns – wie kann er uns nicht willkommen sein?

Unsere Leitgedanken sind:

- Alles, was du tust, hat sicher einen Grund. Ich würde ihn auch gerne kennen. Sagst du ihn mir?
- Es ist wunderschön, dich kennen zu lernen, dich verstehen zu lernen. Wir danken dir.
- Es ist wirklich interessant, wie du diese Dinge tust. Ich mache es immer ganz anders! Schau mal – so mache ich's! Gefällt dir das? Willst du's auch mal versuchen? Nein. Gut, dein Weg ist auch der richtige.
- Ich habe immer Zeit für dich, wenn nicht sofort, dann später.
- Du kannst so viel, ich bewundere dich, was du schon alles verstanden hast.
- Was du alles weißt!
- Ich liebe dich – du bist ein wunderbares Kind.
- Deine Fähigkeiten begeistern mich!
- Der Unaussprechliche lebt in dir und auch in mir. Deshalb sind wir immer die allerbesten Freunde. Wenn ich dich liebe, liebe ich *Ihn*. Wenn du mich liebst, liebst du *Sie*.
- Deine Natürlichkeit ist mir heilig.
- Ich will dich nie verändern, sondern dein Potenzial fördern. Verändern kannst du dich selbst, wenn du willst.
- Ich will dich in deinem Selbstwertgefühl bestärken.
- Ich will dir deine Selbstachtung erhalten.
- Ich will dir helfen, deine Liebe zu vermehren.
- Ich will dir zeigen, wie du kraftvoll werden kannst.
- Ich will dir erklären, wie ich glücklich geworden bin.
- Ich will dich lehren, die Natur zu verstehen.
- Ich will dir helfen, wenn du mich brauchst.
- Wenn du Fragen hast, ehrt mich dein Vertrauen.
- Wenn du tanzen willst, tanze ich mit dir.
- Wenn du erzählen willst, höre ich zu.
- Ich diene dir gerne, denn du dienst mir.
- Ich will nie, dass du mir gehorchst, denn dann wärest du klein und ich groß.

Auch wir gehen unserer Arbeit nach und sind nicht jederzeit abrufbar, nicht immer anwesend, wenn unsere Kinder rufen. Aber Liebe ist eine Frage der Qualität, nicht der Quantität. Was Kinder wirklich benötigen, ist nicht viel. Was sie am allermeisten suchen, sind Bestätigung und aufbauende Begleitung: eine Umarmung, ein offenes Ohr, Verständnis und Vertrauen. Liebevolle Begleitung, die ihnen Freiheit lässt. Schutz und Geborgenheit. Raum für Austausch, Tanz und Spiel.

In ihren vielen Verkleidungen suchen sie nichts als die Liebe – und haben ein sicheres Gespür dafür. Wir wollen ihnen diese Liebe geben – immer und in jeder Form. Wir wollen ihnen zeigen, wie sie die Liebe in sich selbst finden können, in all ihren Formen. Wenn wir unseren Kindern diese Liebe in Form von absoluter Akzeptanz schenken, wächst sie in ihnen und in uns. Darin liegt das einzigartige Geheimnis dieser *freien* Liebe.

Du wirst verstehen, dass wir keinen Raum für Strafen finden, noch für Urteile oder Bewertungen, weder für Regeln noch Prinzipien und schon gar nicht für die vielen Spielarten von Liebesentzug. Niemand soll perfekt sein – alle dürfen natürlich sein. Niemand soll normal sein – alle dürfen spontan sein. Jeder darf – ja soll – er oder sie selbst sein, denn durch diesen Ausdruck erfahren wir alle Bereicherung.

Ist es nicht wunderschön, glückliche Kinder, glückliche Menschen zu sehen? Wir wollen Respekt und Achtsamkeit auf diese Erde bringen. Wir wollen die Liebe ehren und alles tun, was in unserer Macht liegt, um das Glück zu vermehren.

Das Kahuna-Gebet – ein machtvoller Weg

Der Unaussprechliche ist ewig, uneingeschränkt, vollkommen. ER ist schöpferische Energie, allumfassend. SIE ist nicht weniger als das Ganze. Vollkommene Energie – vollkommene Strahlung. Unbenennbar. Du kannst den Unaussprechlichen dann erfühlen, wenn du durch fortwährende Übung die Erfahrung gewonnen hast, aus deinem eigenen Fleisch die strahlende, lichte Seele zu erwecken, die dort wohnt, denn in deinem Inneren trägst du – und das auf ewig – *Seine* unbenennbare, strahlende Kraft.

Wir bezweifeln das niemals – denn Selbstzweifel trägt jeden Menschen direkt in die Verzweiflung.

Wir kennen auch den Begriff der *Sünde* nicht, so wie ihr ihn kennt. Für uns ist nur eines unmöglich: uns selbst daran zu hindern, die Vereinigung mit dem strahlenden Lichtmenschen in uns zu erlangen, die immerwährende Glückseligkeit und das ewige Leben. Undenkbar ist, das Einswerden mit dem Unaussprechlichen aufzuhalten.

Eine schlimme Vorstellung. Sie kann nur wirklich werden, wenn du deinen Gedanken erlaubst, dich im Streben deiner Seele nach Einigkeit mit dem Unaussprechlichen selbst zu behindern. Das ursprüngliche Sein des Unaussprechlichen liegt wie ein Samen in dir und es liegt bei dir, diesen Samen sprießen und reifen zu lassen. Dann wirst du die ewige

Strahlung, die den Unaussprechlichen ausmacht, erreichen, berühren und von *Ihm* aufgenommen werden. Wenn wir beten, wenden wir uns an diese unaussprechliche, wunderbare Macht.

Wir benutzen das Gebet selten, um etwas für das Ego Wünschenswertes zu erbitten, sondern meist, um unserer Seele – also dem Unaussprechlichen – eine neue, weit reichende innere Entscheidung zu verkünden; dafür erbitten wir verstärkte Kraft und Erkenntnis. Unser Gebet ist ein außergewöhnlich reiner und feierlicher Moment, den wir in der Gewissheit beginnen, dass nicht die ängstliche, leidgeprüfte Person betet, sondern der Lichtmensch, der mit *Ihm* in direkter Berührung steht. Es ist ein eher ich-loses Beten, das die Person genießt, aber nicht willentlich beeinflusst

Daher beten wir nur nach sorgfältiger Vorbereitung, niemals im erschöpften, abgehetzten oder verzweifelten Zustand (Stoßgebete ausgenommen!). Wir haben zuvor alles »Menschenmögliche« getan, denn nur wenn wir alles für uns selbst tun, können wir eins mit *Ihr* sein. Handelten wir nicht entsprechend und würden nur auf *Seine* Hilfe hoffen, hätten wir uns vom *Ihr* getrennt und die Hilfe könnte gar nicht kommen. In solch einer Situation würden wir das Gebet verschieben und uns zunächst die Frage stellen: »Nehme ich diese Erfahrung als Segen oder als Strafe entgegen?«

Solange du eine Lebenssituation als Strafe empfindest, wirst du nicht die Kraft aufbringen können, dein Gebet auf die Reise zu schicken, weil dein Ego mit urteilen beschäftigt ist und mengenweise Energie schluckt. Du hast dich getrennt, verweilst mit deiner Aufmerksamkeit im Negativen. So kannst du nicht beten! Die Folge sind scheinbar unerhörte Gebete, die das Gefühl von Alleinsein, Angst und Unwertsein nur verstärken können. Nimmst du jedoch jede Erfahrung – und sei es auch die schlechteste – als Segen an, bist du direkt mit deiner Seele verbunden.

Unsere Gebete sind dafür bekannt, *wirksam* zu sein, und wir wollen nun gern erzählen, warum. Unser Leitgedanke ist dabei der Überfluss der Energie oder doch zumindest das optimalste, für dich momentan erreichbare Energieniveau. *Mana* (Energie) muss unbedingt vor dem Gebet in großer Menge für die Person und die Seele vorhanden sein, um das Gebet an sein Ziel zu bringen. Mindestens einen Tag,

Bete aus deinem strahlenden inneren Tempel heraus.

bevor wir unser Gebet sprechen wollen, reinigen wir uns nochmals von allen Schuldgefühlen oder hinderlichen Gedanken an die Vergangenheit. Warum, weißt du bereits. Bevor wir zu beten beginnen, laden wir uns stark mit Mana auf. Wir atmen tief und bitten unsere Seele, die Kraft des Atems als Zeichen des Dankes und der Wertschätzung anzunehmen und ihrerseits die Aufladung mit Energie zu unterstützen. So erbauen wir in uns einen kraftvollen, strahlenden Tempel, erfüllen auch unsere Körperzellen mit Frieden und Kraft. Mit jedem Atemzug stärken wir unsere Seele. Und da Beten eine geistige Handlung ist, erfordert es auch die Liebe zu dir selbst als tragende Kraft.

Als Nächstes meditieren wir lange darüber, was wir beten wollen. Wir sprechen intensiv mit unserer Seele und entscheiden uns erst für ein Gebet, wenn wir über das innere, gute Gefühl gewiss sind, dass wir im Einklang mit dem Lichtmenschen beten werden. Wir haben ein klares Bild vor Augen und die Gewissheit in unseren Herzen, dass uns bereits gewährt wurde, worum wir bitten werden. Unser Gebet soll kurz sein, das Wesentliche aussagen und von kraftvollen Worten getragen. Wir schreiben die Worte auf, weil das Gebet dreimal im gleichen Wortlaut gesprochen werden will, zum Beispiel: »Ich bitte um dauerhafte Gesundheit«, oder: »Ich bitte um die höchste Wahrheit«, oder Ähnliches. Wir beenden das Gebet entweder mit einem »Danke« oder mit den Worten »So sei es«.

Das Gebet wird laut ausgesprochen und jedes Wort ist angefüllt mit der Schwingung unserer Seele. Worte bleiben leblos, wenn sie nicht mit Seelenkraft durchtränkt sind. Wir sprechen mit Ernsthaftigkeit, tiefster Überzeugung, Kraft, Vertrauen und in dem Bewusstsein, mit *Ihm* vollkommen verbunden zu sein. Die Person darf natürlich ihre Wünsche äußern, sollte aber anerkennen, dass nur die Seele die volle Klarheit und Übersicht hat, und ihr die Führung überlassen. Das bedeutet auch, dass die Person bereit ist, anzunehmen, was in ihr Leben kommt, ohne zu werten oder zu murren.

Wir nehmen uns dann mehrere Stunden Zeit, bereiten einen Ort vor, an dem wir beten wollen, reinigen und schmücken ihn ganz nach unserem Geschmack. Du kannst ihn mit Blumen, Bildern, Muscheln oder Edelsteinen, mit Kerzen und Tüchern ausschmücken. Erlaube deiner Fantasie, sich liebevoll auszudrücken.

Wir selbst haben uns für diesen Anlass auch gereinigt und besonders schön gekleidet. Dann betreten wir den Raum und bereiten uns auf unser Gebet vor, indem wir uns über unseren Atem energetisch aufladen, und zwar so lange, bis Frieden und Ruhe unser Gemüt erfüllen und der Verstand ruhig geworden ist.

Die Seele ist bereit.

Dann sprechen wir das Gebet laut und aus dem Urgrund unseres Seins. Der Unaussprechliche schuf das Wort, indem *Er* entschied, was *Sie* schöpfen wollte – das Wort, ein lebendiges Wesen, in seiner Natur Kreativität. Wir erschaffen nun unser Leben und sind uns der Heiligkeit dieses Augenblicks bewusst.

Nachdem du dein Gebet gesprochen hast, bist du in der folgenden Stille nur mit dir – würdige und ehre die verschiedensten Facetten deines Daseins.

- Ehre das Göttliche: Wahrheit, Vertrauen, Gebet, Frieden und Kreativität.
- Ehre dich selbst: Versprich, dir Akzeptanz, Achtsamkeit, klare Wahl, Freiheit und Freude in dein Leben zu bringen.
- Ehre andere: mit Gedanken, Worten und Taten der Fürsorge, Nachsicht, Mitgefühl, Vergebung, Verständnis und Nähe.
- Ehre, was du fühlst: Ärger, Irritation, Zweifel, Enttäuschung, Angst, Schuld, Alleinsein nicht länger zu bekämpfen, noch zu dulden, sondern in aufbauende Gedanken zu verwandeln.
- Ehre deine Entwicklung: Sei zunehmend authentisch, respektvoll, geduldig, vertrauensvoll und diszipliniere deine Gedanken.
- Ehre das Leben: Bewahre die innere Harmonie, erlaube dir Ausdehnung, Wachstum, Dankbarkeit, Freude und Liebe ohne Bedingungen.
- Ehre deine Entscheidung, zum Beispiel: »Ich will mein Leben bereichern.«

Vielleicht erfährst du nun ein Wunder? Jedes Wunder ist erneut ein Beweis, dass die Liebe mächtiger ist als die Angst. Trau dich, durch deine Angst hindurchzugehen, und wenn du magst, kannst du *Ihn* um Hilfe bitten und sicher sein, dass dir Hilfe zuteil wird. Sei bereit, ein Wunder zu empfangen, und wisse, dass du es wert bist. Nimm dankbar an, was immer geschieht. Denn dein Wunsch wird auf *Seine* vollkommene Weise erfüllt, bevor du ihn gedacht hast.

Vielleicht erfüllt sich dein Gebet auch nicht gleich und dein Verstand mag fragen: »Warum geschieht nicht, worum ich bat?« Die Antwort ist einfach: Weil dich die Erfüllung nicht von deiner Angst befreien würde. Überlass doch *Ihr*, dein Gebet zu beantworten. Mit Sicherheit ist es angekommen, denn *Er* ist in dir als Same lebendig.

Ein Wunder ist bereits geschehen: Du musst nicht länger aus deiner Person heraus kämpfen und dich anstrengen, denn du bist nun bereit, dich führen zu lassen. Vertrauen erfüllt dich und du verstehst, dass du dir selbst das Leben gibst. Dann kannst du dich sehen, wie du wirklich bist. Du siehst deinen Nächsten, wie er wirklich ist – und gehst über alle Urteile hinweg. Du gehst in Richtung »bedingungslose Liebe«, die jenseits deiner Person, jenseits aller Formen auf dich wartet.

Trittsicher in dein neues Leben 13

Aus den vielen Aspekten in diesem Buch sollen hier einige nochmals zusammengefasst werden, um die möglicherweise angestrebte Veränderung leichter einleiten zu können. Die nachfolgenden Gedanken können als Anker dienen, Ausblick bieten, Kompass sein und den neu gewählten Weg vielleicht ein wenig erhellen.

Lass es uns erneut sagen: Während du hier auf der Erde weilst, lebst du nicht nur in der Dualität, sondern du *bist* auch dual: Mensch und Lichtmensch in einem. Daran kannst du nichts ändern.

Aber du kannst wählen, welcher Teil von beiden die Priorität in deinem Leben bekommen soll. Du wählst entweder mit deinem unbegrenzt kraftvollen, höheren Willen, der geistigen Kraft deiner Seele und bejahst vollkommen ihre Sehnsucht nach Wahrheit und der Erkenntnis, *wer* sie wirklich ist. Oder du wählst mit der begrenzt kraftvollen, geistigen Kraft deines rationalen Verstandes, um als Person weltlichen Erfolg oder Misserfolg zu erfahren, ein vorübergehend zufriedenes oder unzufriedenes Ego zu erleben und um an deine menschlichen Grenzen zu gelangen.

Beides ist von Wert für dein Wachstum. Beides will gelebt sein. In beiden Fällen setzt du Energie in Bewegung und erfährst Gefühle, die reine Energie in Bewegung sind. Was willst du fühlen? Was ist deine erklärte Absicht? Person oder Lichtmensch sein?

Deine Persönlichkeit ist eine »falsche« Identität, diejenige, die dir die Gesellschaft aufgeprägt hat. Deine Seele ist das, was dir der Unaussprechliche gegeben hat. Sie ist existenziell – deine Person sozial.

Solange du aus der Person und für die Person lebst, ist dein Leben nicht authentisch. Es ist trügerisch – du täuschst dich selbst und die anderen. Ihr täuscht euch gegenseitig. Schau genau hin: Alles, was dein Verstand der Person sagt, ist entweder geliehen, unreflektiert übernommen oder nachgemacht. Angepasst an die Norm. Du bist dir oft nicht einmal deiner eigenen Gefühle sicher und fragst dich: »Bin ich wirklich verliebt?« Du traust deinen eigenen Gefühlen nicht, zweifelst an ihnen und glaubst nur, es könnte vielleicht so sein. Dein Verstand kann auch nicht vertrauen – das kann nur dein Herz.

Die Person wird vom Verstand regiert und deine Seele führt ein verborgenes Dasein. Die Gesellschaft lässt nicht zu, dass du in geistiger Freiheit gemäß deiner einzigartigen Natur lebst, sondern vielmehr so, wie sie es als nützlich ansieht. Du bist nützlich – schlimmstenfalls ein Sklave – und hast längst nicht mehr die Kraft, »nein« zu sagen. Deine Lebensenergie ist zwar blockiert, aber du funktionierst. Das allein zählt. Jetzt schließt du einen Kompromiss nach dem anderen. Doch all das macht dich auf Dauer nicht glücklich. Deine Seele will mehr.

Bist du besonders nützlich für die Gesellschaft, dann wirst du unterstützt und bekommst vielleicht Energie in Form von Lob und Anerkennung, vielleicht auch Macht. Aber was ist, wenn die Unterstützung plötzlich ausbleibt? Wer bist du dann? Wenn du so lebst, hast du die Vorteile, die die Gesellschaft dir anbot, angenommen, aber wo ist der Frieden der Seele? Du zahlst einen hohen Preis.

Warum hast du immer wieder dieses »ungute Gefühl«? Weil du nicht authentisch bist – du hörst weder auf das Leben selbst noch auf die Stimme deines Herzens, die dir das ersehnte gute Gefühl nur zu gerne darreichen möchte. Leb doch natürlich, sei doch natürlich, leb intensiv, spontan, deinen Eingebungen folgend! Zeig deine Gefühle, drück sie aus! Der Mensch ist immer und unausweichlich eins mit dem Unaussprechlichen, das Einzige, was zu tun bleibt, ist, es auch sein zu wollen. In diesem Moment wird aus dem schlechten Gefühl ein dauerhaft gutes. Aus dieser Verbindung erwächst die Heilung.

Willst du dein gutes Gefühl als ständigen Begleiter und Leitfaden in allen Situationen bei dir wissen, dann kannst du nur sagen: »Ich werde jetzt einfach nur noch das sein, was ich bin – und das bis ins kleinste Detail erfahren und genießen. Es ist mir völlig egal, wie ihr das findet. Und wenn ich beispielsweise ein Künstler werden will, dann werde ich ein Künstler. Es wird mich glücklich machen, auch wenn ich nicht berühmt werde. Dies ist die Sehnsucht meiner Seele und ich folge ihr. Ich will nicht länger fremdbestimmt sein, selbst von meinen eigenen Gedanken nicht. Ich denke um. Ich denke neue Gedanken. Ich bin es leid. Ich will mich nicht länger dominieren lassen. Ich folge mir selbst, der Stimme meines Herzens, meiner Wahrheit.

Wer der Stimme seines Herzens folgt, wird frei sein und dauerhaft glücklich.

Selbst wenn mein Verstand zweifelt, weiß ich doch immer, wann ich auf dem rechten Weg bin. Das sagt mir mein gutes Gefühl. Immer wenn mein gutes Gefühl mit mir ist, bin ich mit meiner Seele. Dann bin ich eins mit mir. Was soll da noch passieren? Auch wenn ich auf meinem Weg keine Goldmine finde, erlange ich unendlich große Befriedigung. Mein Leben ist gesegnet, weil ich es selbst gesegnet habe und dem Weg meiner Wahrheit folgte. Mein letzter Moment auf dieser Erde wird auch der Augenblick sein, in dem ich die Einigkeit mit meiner Seele am intensivsten wahrnehmen werde. Ich habe meiner Seele vertraut, habe ihren Reichtum gewählt und wurde von meinen guten Gefühlen in die Freiheit und Glückseligkeit getragen. Ich weiß, mein Leben ist Freude, eine ununterbrochene Erfahrung innerer Heiterkeit. Ich habe erfahren, was ich zu erfahren gedachte: Ich kann meine Gefühle erschaffen, bin ihnen nicht länger ausgeliefert. Ich erkenne mich als Schöpfer und fühle, was Liebe wirklich ist.

Herz und Verstand offen ...

Glaub nicht, dass dein Verstand wirklich offen für alles Neue ist, auch wenn du genial mit ihm denken kannst. Er ist immer dann »dicht«, wenn er Urteile bereithält. Wie oft kommt das bei dir vor? Einmal im Jahr? Einmal im Monat? Einmal pro Woche? Was kannst du tun, wenn du einen offenen Verstand erleben willst, für die Verbindung mit deinem Herzen bereit?

»Denn wenn der Verstand fühlt wie das Herz und wenn das Herz denkt wie dieser Verstand, dann wird Frieden sein.« (Aus dem *Aura-Soma*, Anm.d.Verf.)

• Die gedanklichen Urteile und Bewertungen kannst du nicht anhalten, aber unbeantwortet weiterziehen lassen. Sie interessieren dich nicht, du fütterst sie nicht, sondern denkst neu: aufbauend und schöpferisch.

• Beginne in deinem privaten Kreis, in deiner Familie offen über die Urteile in deinem Kopf zu sprechen. Erzähle deinen Lieben, was du alles in deinem Kopf vorfindest, ganz so, als ob du Inventur machst. Urteile unbeteiligt auszusprechen bedeutet, sie nach und nach freizulassen. Damit hilfst du dir und allen Beteiligten, einen offenen Raum zu erschaffen, in dem sich niemand mehr selbst niederbügelt, weil er irgendetwas falsch gemacht hat, weil er einer Ego-Attacke ausgeliefert ist oder sich verunsichert fühlt.

Wenn du diesen Raum kreierst, antwortet dem Ego nicht ein anderes Ego, sondern das Herz ist berührt – und das ist immer bereit, zu verstehen. Die Seele betritt die Bühne und der Geist der Liebe folgt dieser Einladung, weil du bereit bist, deine Urteile zuzugeben. Wenn du zunächst deiner Familie, später vielleicht deinen Mitmenschen erlaubst, Zeugen in deinem Wachstumsprozess zu sein, sprichst du deine Wahrheit: »Ich habe Urteile. Ich bin nicht anders als du.«

So bildet sich eine Gemeinschaft Gleicher. Niemand weiß mehr als der andere. Niemand ist mehr als der andere. Alle haben Urteile. Alle wollen sie aufgeben. Keine Kritik mehr, keine Vorwürfe, keine Besserwisserei. Nicht länger das Streben, perfekt sein zu wollen, sondern die Erlaubnis, es eben nicht zu sein. Geduld und Mitgefühl für jeden wohnen in diesem Raum, das Auf und Ab während des Wachstums bereitet Freude, weil ihr euch gegenseitig konstruktiv unterstützen könnt. In dieser Umgebung können du und alle anderen heilen, weil sich jeder sicher fühlt – ihr begegnet euch als Seelen, die gemeinsam reisen.

Je mehr du selbst in diese Freiheit gelangst, umso mehr kannst du sie anderen gewähren und sie so lassen, wie sie gerade sind. Der Wunsch, sie zu verändern, ist verschwunden, weil sie nicht mehr perfekt sein müssen, ebenso wenig wie du. Du betrachtest ihre Fehler und unguten Gefühle mit Liebe, Mitgefühl und Verständnis, freust dich an ihrem einzigartigen Wesen. Da du ihnen freiherzig anbietest, was du aus dir heraus geschaffen hast, animierst du sie, Gleiches zu kreieren. Du hast die Wünsche deiner Seele vernommen und als die deinen anerkannt. Nun bist du mit dir.

Um dich in diesem Zustand zu stabilisieren, haben wir praktische Ideen:

- Wenn du wieder einmal erlebst, dass Mitmenschen dich angreifen wollen, erinnerst du dich: Der andere fühlt sich nicht geliebt. Könnte er sich so fühlen, würde er nicht angreifen. Du findest nun einen Weg, ihn daran zu erinnern, dass er geliebt wird. Vielleicht erinnerst du ihn an seine Stärken und an all seine guten Taten oder hörst nur mit dem Herzen zu! Versuch's mal.
- Wenn du deine Seele bewusst nähren willst, mach einen Spaziergang. Wenn du einem Menschen begegnest, der traurig, ärgerlich oder missmutig ist, finde eine Möglichkeit, ihm zu zeigen, dass er gesehen und von dir geschätzt wird. Schenke ihm ein liebes, verständnisvolles Lächeln, ein paar Worte, eine Blume, was immer dir einfällt. Schenk ihm ein paar Minuten deine Aufmerksamkeit. Du bewirkst so viel!
- Auch wenn du selbst traurig bist, handle so. Selbst wenn dein Verstand es nicht glauben mag: Es wird dir helfen. Es gibt nicht Heilsameres, als dich selbst und andere an die Liebe zu erinnern. Fühl die Liebe, die in deinem Herzen wohnt, und verteile sie. Wie sieht eine Welt aus, in der wir uns erinnern, Liebe bewusst zu geben und zu nehmen?

Immer wenn du dich nicht wohl fühlst, fehlt dir die Liebe. Wenn du glaubst, nicht genug Liebe zu erhalten, gibst du zu wenig. Wenn du ängstlich und verzagt bist, hast du nicht genug geliebt. Öffne dein Herz, lass die Liebe fließen und verschenke sie an jeden. Zu deinem Erstaunen wirst du fühlen, dass sie dabei immer größer wird.

Mach diese kleinen Übungen, wenn du glücklich bist. Mach diese kleinen Übungen, wenn du traurig bist. Mach diese kleinen Übungen, auch wenn du keinen Grund siehst.

Alles kehrt zu dir zurück. Du findest die Liebe im Rauschen des Windes, im Strahlen der Sonne, in Regentropfen, im Lächeln oder Aufleuchten eines Augenpaares. Sie ist überall.

Fragen und Antworten 14

Im Folgenden werden wesentliche Fragen an die Kahunas gerichtet, die von meinen Klienten und von mir selbst gestellt wurden. Sie gelten als exemplarisch für die Fragen vieler, die auf dem Weg sind. (Suzan H. Wiegel)

Wie kann ich körperliche Krankheiten vermeiden oder heilen?
Bei allen Krankheiten, seien sie physischer, mentaler oder emotionaler Natur, liegt deine Aufmerksamkeit nicht länger auf der Besserung deines Zustandes, sondern auf dem unendlichen Können deines höheren Willens, der aus dem Göttlichen kommt. Die Absicht ist immer die gleiche: Bring das Licht hinein und jage nicht die Dunkelheit hinaus! Tu nichts *gegen* die Krankheit, sondern *dafür*!
Wichtig ist, dich bewusst und gesund zu ernähren. Erinnere dich zusätzlich immer wieder daran: Wenn du fortfährst, zu urteilen und zu bewerten, kannst du nicht gesund sein. Es ist zwar wichtig, was in deinen Mund hineingeht, einzig bedeutungsvoll ist jedoch, was aus ihm herauskommt. Ausreichende Bewegung ist unerlässlich. Vor allem aber betreibe mentale Hygiene. Findest du negative Gedanken oder Gefühle, löse sie auf und ersetze sie durch Gedanken und Gefühle, die mit deiner Seelenkraft durchtränkt sind. Lass in alles, was du denkst, sagst und tust, die

Schwingung, die Liebe deiner Seele einfließen und sieh dich vor deinem geistigen Auge stets gesund und voller Kraft. Meditiere regelmäßig, damit dein Herz langsamer werden kann und deine Gedanken ebenso.

Wie kann ich mentale und/oder emotionale Krankheiten vermeiden oder heilen?

Erinnere dich: Alle Blockierungen kommen durch die Nichtaktivität der Lebensenergie zustande. Löse die Blockaden und kultiviere Frieden und Vertrauen in den Unaussprechlichen. Befreie deinen Kopf von allen störenden Gedanken. Verbiete dir gewaltsame, angriffslustige Emotionen und bleib in Ruhe mit dir, auch wenn die äußeren Ereignisse anders ablaufen, als es dir lieb ist. Prüfe die Reize, die dich erreichen, denn eure Reize sind viel zu stark. Sie verfestigen das Gefühl der Trennung, wenn du nicht achtsam bist, und verleiten dich schnell zum Kämpfen.

Liebe ist zart, leise, sanftmütig, bedingungslos. Sie wirkt in zärtlicher Behutsamkeit. Der sanfte Reiz wird dich heilen, niemals der starke. Fülle dich an mit Liebe und Freude. Lege alte Gewohnheiten ab, die deine Energie abbauen. Die notwendige Veränderung will in deinem Herzen und in deinem Bewusstsein geschehen. Tu alles dafür, dich zu erinnern, wer du bist. Kümmere dich um deine Freude. Suche nicht länger nach einem Grund für die Freude, sondern erhebe dich selbst zum Grund der Freude. Wenn du wirklich göttlichen Ursprungs sein willst, dann bist du es auch. Freude ist die direkte Erfahrung dessen, was der Unaussprechliche ist.

Wie erkenne ich meine Wahrheit? Wie kann ich sie hören, wenn immer zwei Stimmen gleichzeitig sprechen?

Lausche immer dem ersten Impuls, niemals dem zweiten. Die erste, spontane Stimme ist immer und ohne Ausnahme die deiner Seele, der nächste Impuls ist der deines Verstandes. Das Wissen deines Verstandes ist abgetrennt vom Gefühl, der Erfahrung deiner Seele. Der erste Impuls ist daher die Antwort, die dir deine Seele zuleitet.

Folge dem ersten Impuls, auch wenn dein Verstand kräftig dagegen argumentiert, wenn du Angst hast und dich nicht traust. Folge trotzdem dem ersten Impuls. Dann erst wirst du wissen, dass du deinem ersten Impuls vertrauen kannst. Sonst wirst du es nie erfahren.

Wäre es nicht sinnvoll, hier alles zusammenzupacken und nach Hawaii zu ziehen?
Was willst du damit erreichen? Durch einen Umzug glücklich werden? Sozusagen im Schnellverfahren? Du siehst, wie trickreich der Verstand arbeiten kann – er gaukelt dir ein besseres Leben vor, will aber nichts dafür tun, auf keinen Fall seine Denkstrukturen ändern. Solange du aber in dir nichts veränderst, verändert sich nichts. Dein rationaler Verstand will wie ein wildes Pferd gezügelt werden, bevor der Geist des Unaussprechlichen für dich wahrnehmbar wird. Dein Verstand repräsentiert die Dunkelheit – deine Seele das Licht.

Wenn du sicher bist, dass dein Impuls aus dem Herzen kommt, dann geh. Kommt er aus dem Verstand als Vermeidungsstrategie, dann mach dir bewusst, dass du dich selbst immer mitnimmst, egal, wohin du gehst. Das Göttliche kannst du überall in dir erwecken, unabhängig vom Ort.

Gibt es einen Grund für die respektlosen Umgangsformen in unserer Gesellschaft?
Du hast gelernt, andere Menschen, die sozial über dir stehen oder von denen du etwas haben willst, zu respektieren, und möglicherweise diejenigen, die du unter dir stehend wähnst, die dir nichts bringen, davon auszuschließen. Wa-

rum vergisst du dich selbst? Bist du nicht existent? Alles, was du denkst, sagst und tust, beginnt doch bei dir! Nur wenn du umdenkst und dich selbst liebevoll und respektvoll behandelst, wirst du auch achtsam mit deinen Mitmenschen umgehen können. Die respektlose Art, miteinander zu kommunizieren, wurzelt in dem Versäumnis, dich selbst als Abbild des Unaussprechlichen zu würdigen.

Sieh in dir als Erstes den einzigartigen, wundervollen Aspekt des Unaussprechlichen, schau dir selbst in die Augen und beginn *es* zu fühlen. Dann suche in den Augen der Mitmenschen danach. Dein Verhalten wird sich ändern. Warte nicht, bis die anderen dich respektvoll behandeln, fang selbst und sofort damit an. Wenn du etwas ändern willst, dann ändere auch etwas.

Immer wieder verwickle ich mich mit meinem Mann in Streitereien, die klitzekleine Ursachen haben, mich aber schier zur Verzweiflung bringen. Wenn ich zum Beispiel darum bitte, um 6 Uhr loszufahren, damit wir noch genügend Zeit zum Bummeln haben, meint er, 6.30 Uhr würde auch noch reichen. Alles geht nach seinem Kopf, und das seit vielen Jahren und bei allen Gelegenheiten. Ich fühle mich so verletzt, so hilflos und unbeachtet. Wenn ich heule, ändert sich nichts, wenn ich losbrülle, auch nichts. Unsere Beziehung ist deswegen wie vergiftet. Was kann ich tun?

Es ist wichtig zu verstehen, dass wir mit jedem Gedanken an die Vergangenheit die dort erlebten Gefühle zurückholen, natürlich damit verbunden auch den Schmerz. So kommt, bevor überhaupt irgendetwas anderes passieren kann, in dir eine ganze Welle emotionaler Enttäuschungen hoch, die du zwar geschluckt, aber nicht verdaut hast. Obwohl der Anlass sooo groß gar nicht war, wurde es plötzlich eine ganze Ladung. Deine Wut, deine Hilflosigkeit, aber auch Ohnmachtsgefühle und Enttäuschung kamen aus der Vergangenheit angerollt und haben dich überrollt. Die Woge ist dann so stark, dass sie nur noch schwer, sehr schwer zu beherrschen ist. Das fühlst du ja auch intensiv. An dieser Stelle kannst du in Zukunft einhaken. Aber es geschieht ja noch mehr. Unter der harmlosen Verpackung von 6 Uhr oder 6.30 Uhr läuft ein uraltes Machtspiel. Es hat seine Wurzeln in folgenden, meist bewussten, aber auch unbewussten Teilen: Wir haben nicht gelernt (nicht während unserer Erziehung, leider oft auch nicht durch das elterliche Vorbild), den anderen vorbehaltlos so zu nehmen, wie er ist. Das heißt, wir lieben zwar bestimmte Eigenschaften, aber da gibt es andere, die wir nicht lieben und daher verändern wollen. Genau hier sitzt dann der Hase im Pfeffer. Kein Mensch lässt sich von anderen verändern, jedenfalls so lange nicht, wie er psychisch einigermaßen gesund ist. Weil er intuitiv spürt, dass er gar keine Liebe erfährt. Wenn dich jemand liebt, das weißt du in deinem Herzen, dann liebt er dich so, wie du bist. Das dauernde Herumgezerre und Genörgele ist ein Beweis für Nichtliebe. Du gefällst so nicht, wie du bist. Und das tut doppelt weh, weil du das in der Kindheit auch bereits erfahren hast. Nicht nur du, wir alle.

Wir haben einfach überhaupt nicht verstanden, was Liebe wirklich ist. Es bedeutet im Klartext, zunächst einmal alles am anderen zu akzeptieren. Auch die Macken. Das heißt nicht tolerieren, auch nicht hinnehmen und schon gar nicht schlucken – *akzeptieren.* Es meint sinngemäß:»Aha, so ist er also. Ich sehe. Seine Einstellung vereint sich aber nicht mit dem, was ich gerade will. Was kann ich also tun?«

Solange du so oder ähnlich über eine Situation denkst, sind noch keine Emotionen wach geworden, kein Urteil, keine schmerzhaften Erinnerungen. Du denkst noch im neutralen Bereich. Jetzt mache dir bewusst, dass du *ihn* nicht verändern willst. Weil das Kampf ist. Kampf heißt Druck machen. Druck erzeugt aber Gegendruck (physikalisches

Gesetz! – gilt ohne Ausnahme) und diese Ergebnisse kennst du zur Genüge.

Wenn du es satt hast, immer nur im Clinch zu sein, finde den neuen Weg. Du willst *ihn* also nicht verändern. Wenn du das wirklich aus innerer Überzeugung schaffst (das braucht ein bisschen Übung), dann werden kaum Emotionen wach, später gar keine mehr. Du behältst deine Energie schlicht und ergreifend bei dir. Du hast beschlossen, es einfach zu lassen.

1. Weil's eben nicht geht. (Umgekehrt geht's ja auch nicht. Er will *dich* ja auch verändern, und du hältst ja auch dagegen!)
2. Weil es dir weh tut. Weil es dir überaus schlechte Gefühle bereitet, die du (wie du siehst) auch gar nicht mehr loswirst. Sie sind in dir. Kaum denkst du daran, sind sie wieder da, auch wenn's Jahre her ist.
3. Warum dich also selbst verletzen? Dir schlechte Gefühle bereiten ist ja schon schlimm genug. Wenn es nun wenigstens helfen würde – aber nicht einmal das geschieht. Die Situation bleibt die gleiche und deine schlechten Gefühle kommen noch dazu. Jetzt erst sitzt du mitten in der Tinte. Vorher war es nur eine eigentlich neutrale Situation.
4. Deine Re-Aktionen sind angelernt (von deinen Eltern übernommen, generell von der Gesellschaft). Fast alle leben so, mit den entsprechenden Ergebnissen. Schau dich um. Du kannst es unschwer erkennen. Niemand ist glücklich, wenn er nur reagiert. Es kerkert dich ein, aber du wählst es so.
5. Alles, was wir auf diese Weise erreichen, ist massiver Energieverlust. Auch das kannst du fühlen. Bei fortgesetzter, gleich bleibender Verhaltensweise wird dieser Energieverlust immer größer. Dann gibt es nur noch zwei Wege: entweder implodieren und krank werden, oder

explodieren und abhauen. Aber beide Wege führen auch nicht weiter, weil nämlich die Ursache nicht verstanden wurde. Es wird immer und immer wieder das Gleiche geschehen, bis du lernst, in derartigen Situationen mühelos die Bremse zu ziehen. 6. Es ist demnach mindestens fünffacher Unsinn, so zu reagieren. Einen sechsten Grund nennen wir dir auch noch: Als menschliches Wesen bist du ein agierendes Wesen. Agieren heißt aber immer: frei aus dir heraus zu entscheiden, was du jetzt tun und lassen willst. Deiner inneren Stimme folgen und so entscheiden, dass ein gutes Gefühl entstehen kann.

Was also hättest du beispielsweise tun können? Es gibt wahrscheinlich ebenso viele Möglichkeiten, wie es Menschen gibt. Eine davon könnte so aussehen: »Ach, weißt du, ich kann ja verstehen, dass du erst um halb sieben fahren willst, aber das ist mir wirklich zu spät. Ich möchte noch bummeln, ein paar Geschäfte anschauen, will mir Zeit nehmen und die Landschaft ausgiebig genießen. Sie soll nämlich umwerfend schön sein. Ich schnapp mir ein Taxi. Wir treffen uns dann im Eiscafé. Nein, das willst du nicht? Du willst, dass wir zusammen fahren? Dann komm doch bitte um 6 Uhr mit. Das willst du auch nicht? Nun, ich will weder, dass du mir einen Gefallen tust, noch will ich mich selbst ausbremsen. Wenn du erst später fahren willst, ist das auch vollkommen in Ordnung. Also dann, ich fahre jetzt und sehe dich später. Ich freu mich auf dich. Spiel noch schön mit den Kindern Fußball. Dazu hast du ja sonst wirklich wenig Zeit. Tschüss ...«

Mit ein wenig Übung gelingt es dir, diese Worte liebevoll aus deinem Herzen zu sprechen. Wenn du jetzt losfährst und *nicht* darüber nachdenkst, ob dein Mann nun sauer sein wird oder nicht, wirst du dich gut fühlen. Und sollte er wirklich sauer sein wollen, dann kannst du es auch nicht ändern. Es ist seine freie Wahl. Und deine jetzt auch. Du kannst seine vermeintliche Verärgerung (dem alten Muster entsprechend) kaufen oder es einfach liebevoll sein lassen. Wir zahlen immer einen Preis. Ohne Preis geht gar nichts in diesem Leben. Es ist immer nur die Frage, welchen Preis du zahlen willst.

Wenn du so handelst, wie eben geschildert, kommst du zu anderen Ergebnissen: Du erlaubst dir selbst, bei dir zu bleiben, und erfährst ein zunehmend stärker werdendes, gutes Gefühl. Damit erlaubst du dem anderen ebenfalls, zu sich zurückzukommen und gleichfalls sein gutes Gefühl zu genießen. Ich habt euch so auf eine andere Bewusstseinsebene bewegt – das Herz kann sich öffnen und die Liebe darf wieder fließen. Sie lebt immer in deinem Herzen, auch wenn du noch so wütend bist. Und du hast damit eine der wichtigsten Entscheidungen überhaupt getroffen: Du hast dein Herz über deinen Verstand gestellt.

Epilog E

In diesem Buch habe ich einiges von dem weitergegeben, was die Kahunas mir anvertraut und geschenkt haben, etwas, das mein Leben grundlegend verändert hat. Vielleicht können auch Sie in der Weisheit der Kahunas einen Ansatz finden, um an Ihre inneren Kräfte und Weisheiten anzuknüpfen. Vielleicht erinnern Sie sich und beginnen wieder, an die innewohnende Macht zu glauben, die Sie durch Ihr Leben führt und die Sie anfüllen können mit Zufriedenheit, Freiheit, Vertrauen und inneren Frieden. »Jeder Einzelne kann den Himmel auf die Erde bringen. Was würde geschehen, wenn jeder für sich und alle gemeinsam dieses Ziel anstrebten?«, hatte mich der Kahuna gefragt. Ich frage mich, warum haben wir tatsächlich noch nichts dergleichen bewirkt, obwohl das Wissen in uns ruht? Vermutlich aus Angst vor dem gedachten Risiko ...?

Auf einer Insel Indonesiens erforschte ein Wissenschaftler das Verhalten der Affen. Seine Untersuchungen galten der Lernfähigkeit dieser Tiere und so begann er, einem Affenweibchen nach und nach beizubringen, die Kartoffeln, die es verzehren wollte, zuvor im Fluss von Schmutz und Dreck zu befreien. Das Affenweibchen lernte erstaunlich schnell und begriff, dass die Kartoffeln tatsächlich viel besser schmeckten, wenn sie sauber waren. Zum Erstaunen des Wissenschaftlers ahmten immer mehr Affen das Verhalten dieses Affenweibchens nach und wuschen ihre Kartoffeln vor dem Verzehr ab. Es dauerte gar nicht lange, bis auch die Affen der anderen Inseln des Archipels das gleiche Verhalten zeigten, obwohl sie keinerlei physischen Kontakt miteinander hatten. Die Affen der Nachbarinseln hatten etwas gelernt, ohne dass es ihnen direkt gezeigt worden war. Ein Wunder? Ein Phänomen?

Die wissenschaftliche Erklärung geht dahin, dass, entwickelt sich eine bestimmte Anzahl von Menschen in eine bestimmte Richtung, sich die gesamte Menschheit mitentwickeln wird. Wir haben zwar noch nicht herausgefunden, wie viele Menschen dafür notwendig sind, aber wir wissen, dass es so ist.

Welchen Sinn behält vor diesem Hintergrund das Kämpfen überhaupt? Alles, was uns nicht behagt zu dieser Zeit in diesem, unserem Leben, und alles, was uns nicht behagt zu dieser Zeit auf dieser Erde, lässt sich ergo nicht bekämpfen, wollen wir tatsächlich eine Veränderung herbeiführen.

Jeder Einzelne kann den Himmel auf die Erde bringen. »Wenn du Probleme hast, hast du noch nicht genug geliebt«, wissen die Kahunas und erinnern uns an die einzig sinnvolle Alternative: in der Re-Ligion, der Rückverbindung mit unserer Seele die schlafenden, schöpferischen Kräfte zu befreien und auf der Basis der hinausströmenden, schöpferischen Liebe jene Wege zu finden, die der Kopf nicht denken kann.

Vielleicht entdecken Sie – wie ich – in dieser Weisheit ohne jedes Dogma den sanften Impuls, der Ihr Herz berührt, und Sie beginnen, wieder neu zu verstehen und neu zu denken. Die Kahunas wissen, dass Worte allein nicht ausreichen, um das Unsagbare zu beschreiben. Deshalb versuchen Sie einmal, auf vollständige rationale Erklärungen zu verzichten, und verstehen Sie in Ihrem Herzen, dass die Tiefe des Geheimnisses alle möglichen verbalen Erklärungen übertrifft. Vielleicht spüren Sie dieses Geheimnis hinter ihren Worten und erinnern sich ...

Lange genug haben wir uns selbst und andere verletzt, lange genug auch unsere Erde. Beginnen wir damit, in *allem* den Unaussprechlichen wieder zu erkennen, und behandeln wir uns, unsere Mitmenschen, die Erde und all ihre Lebewesen mit dem würdevollen Respekt, mit der zärtlichen Dankbarkeit, die wir für den Unaussprechlichen empfänden, stünde er leibhaftig vor uns. Öffnen wir die Augen, um zu erkennen, dass er tatsächlich vor uns steht: in jedem Menschen, jedem Tier, jedem Stein dieser Erde, in *allem* Lebendigen.

Heilen wir uns und die Erde. Beenden wir das Drama der Trennung und erschaffen wir das scheinbar Unmögliche, das durch die Kraft des Lichtmenschen möglich ist: das Paradies.

Die Weltenseele lebt und es kommt der Augenblick, in dem diese Seele in allen Menschen und allen Dingen übereinstimmend handelt. Weisen wir ihr die Richtung, in die unsere Herzen uns ziehen, und schenken wir uns und ihr das, was wir uns viel zu lange versagt haben: bedingungslose Liebe, selbst für das kleinste Detail.

Die Einigkeit auf dieser Erde, nach der wir uns alle sehnen, beginnt mit der Einigkeit in uns selbst.

Mahalo, möge der Geist des Unaussprechlichen immer mit uns sein.

Suzan H. Wiegel

WAS ES IST ...

Es ist Unsinn, sagt die Vernunft.
Es ist, was es ist, sagt die Liebe.
Es ist Unglück, sagt die Berechnung.
Es ist nichts als Schmerz, sagt die Angst.
Es ist aussichtslos, sagt die Einsicht.
Es ist, was es ist, sagt die Liebe.
Es ist lächerlich, sagt der Stolz.
Es ist leichtsinnig, sagt die Vorsicht.
Es ist unmöglich, sagt die Erfahrung.
Es ist, was es ist, sagt die Liebe.

Erich Fried

Anhang A

Mahalo – Danke!

Mein besonders tiefer Dank gilt meinen Kahuna-Lehrern, die mir halfen, mich wieder dessen zu erinnern, was tief innen seit Anbeginn der Zeiten in mir schlummerte: das Wissen, wie leben geht. Das Wissen, dass ich in diesem Leben glücklich sein darf. Das Wissen, wie ich mich aus eigener Kraft glücklich machen kann und es auch bleibe, und die Gewissheit, dass dieses selbst erschaffene, innere Glück die wunderbarste Erfahrung meines Daseins ist.

Mein Dank gilt allen Kahuna-Freunden und Seminarteilnehmern, die diesen Weg gleichermaßen fanden und deren glückliche, persönliche Weiterentwicklung schließlich der Anlass zu diesem Buch war.

Dem Kösel-Verlag und seinen Mitarbeitern danke ich für das Interesse am Thema und die Chance, es in dieser Form zu veröffentlichen. Mein inniger Dank gebührt meiner Lektorin Ulrike Reverey, deren professionelle wie liebevolle und aus dem Herzen kommende Betreuung dieses Buch erst richtig rund werden ließ.

Und ich danke Ihnen, liebe Leserin, lieber Leser. Auch durch Ihr Interesse kann die Botschaft der Kahunas weitergetragen werden.

Nicht zuletzt danke ich meinem Schöpfer, der großen geistigen Kraft, die uns alle verbindet, für die vielen tiefen Erkenntnisse, die mir zuteil wurden. Der alles durchdringende Geist, über die Kahunas zu mir gesandt, zog mich aus dem Dunkel meiner Gedankengänge zurück in die Liebe, schenkte mir Gewissheit, dass mein Leben wie unser aller Leben aus diesem Geist der Liebe kommt und in ihm lebendig ist. Für immer.

Literaturhinweise

Capra, Fritjof: *Das Tao der Physik.* München 2000
Emoto, Masaru: *Die Botschaft des Wassers 1.* Burgrain 2002
Emoto, Masaru: *The Message from Water 2.* Peiting 2002
Emoto, Masaru: *Wasserkristalle.* Burgrain 2002
Fried, Erich: *Es ist was es ist. Liebesgedichte, Angstgedichte, Zorngedichte.* Berlin 1983
Long, Max Freedom: *Geheimes Wissen hinter Wundern.* Freiburg 1999
Long, Max Freedom: *Kahuna-Magie.* Freiburg 2000
Spalding, Baird: *Leben und Lehren der Meister im Fernen Osten.* Ergolding 1977
Tipler, Frank J.: *Die Physik der Unsterblichkeit.* München 2001
Wiegel, Suzan H./von Rohr, Wulfing: *Handbuch der Kahuna-Medizin.* München 1996/1999
Wiegel, Suzan H./Gaberthüel, Sabine: *Fit und schön durch Kräuter.* Münsingen 1997

(Das Gedicht von Erich Fried »Was es ist ...« auf Seite 186 erfolgt mit freundlicher Genehmigung des Verlags Klaus Wagenbach, Berlin.)

Bezugsquellen für Kahuna-Essenzen

Bei den im *Handbuch der Kahuna-Medizin* (Wiegel 1999) beschriebenen Harmoniemitteln handelt es sich um wässrig-alkoholische Auszüge von den hawaiischen Originalheilwurzeln, -blättern und -früchten. Sie werden als Vorratsflaschen verwendet, das heißt, man nimmt jeweils täglich einen Tropfen der Essenz auf ein Glas Wasser (200 bis 250 Milliliter). Folgende Fläschchen sind erhältlich:

Awa	Der Schutz
Noni	Das Loslassen
Essiak	Die Stärkung
Olena	Das Vertrauen
Koali	Die Harmonie
Kukui	Die Freude
Popolo	Die Bestimmung
Kalo	Der Neubeginn
Hala	Die Tatkraft

Ein Fläschchen reicht bei durchschnittlicher Anwendung etwa 4 bis 6 Wochen. Nach der derzeitigen Preisliste (Stand 2002) betragen die Kosten für 20 ml jeweils Euro 22,00 plus MwSt.

Sie erhalten die Kahuna-Essenzen in Deutschland, Österreich, der Schweiz, Italien, Spanien und Polen über die auf Seite 190 f. angegebenen Adressen.

Kontaktadressen

Die Autorin leitet zum Buchthema seit Jahren Vorträge, Seminare und Ausbildungen für Laien und Behandler/innen in den nachstehenden Ländern. Sie wurde von den Kahunas 1995 autorisiert, den Geist und das Wissen der hawaiischen Heiler in Europa zu verbreiten. Für alle, die sich davon inspirieren lassen möchten, gründete sie »Die Lichtinsel« – ein Forum für den Einklang von Körper, Geist und Seele und für ein intensives Lebensgefühl.

Ihre Anfragen, auch für den Bezug der Essenzen, richten Sie bitte an folgende Adressen (die zum Teil auch Auskünfte über naturheilkundliche Praxen geben können, die mit Kahuna-Wissen arbeiten):

Für Deutschland:
Lichtinsel Deutschland
Marion von Beyer
Löffelholzstr. 26
D-90556 Cadolzburg
Tel.: 0049/9103/71 93 97
Fax: 0049/9103/71 98 491
E-Mail:marionvonbeyer@gmx.de
Web: www.lichtinsel.com

Für die Schweiz:
Lichtinsel Schweiz
Monica Haefeli
Rietstr. 20
CH-8840 Einsiedeln
Tel./Fax: 0041/55/422 26 10
E-Mail: monica.hawaii@mydiax.ch

Für Österreich:
Lichtinsel Österreich
Naturheilzentrum Dr. Petra Orina Zizenbacher
Alserstr. 43/3
A-1080 Wien
Tel./Fax: 0043/1/40 37 381
E-Mail: zizenbacher@naturheilzentrum.at
www.zizenbacher.at

Für Italien:
Christina Döhler-Volpi
Vic. Antiche Mura 10a
I-58017 Pitigliano (GR)
Tel.: 0039/0564/61 55 65
Mobil: 0039/338-711 62 52
E-Mail: christina.doehler@bcc.tin.it

Für Spanien:
Julita Riley
Diorama D, 568
Avda. Estacion 7
E-29631 Benalmadena/Malaga
Tel.: 0034/95/24 44 291

Für Polen:
P.W. Atma Malgorzata Jakubczak
ul. Gdynska 73
PL-96-313 Jaktorow-Chylice
Tel.: 0048/46/856 51 95
Fax: 0048/46/856 51 94
Mobil: 0048/600-83 78 98
E-Mail: atma@pro.onet.pl
Web: www.psychotronika.com.pl/harmonia